一本书读懂海明威

READING HEMINGWAY IN A

BOOK

大人物系列

陈昊◎编著

沈阳出版发行集团

Ⓜ 沈 阳 出 版 社

图书在版编目（CIP）数据

　　一本书读懂海明威 / 陈昊编著 . -- 沈阳：沈阳出版社，
2018.3（2020.5 重印）
　　ISBN 978-7-5441-9012-1

　　Ⅰ . ① 一 … Ⅱ . ① 陈 … Ⅲ . ① 海 明 威（Hemingway，Ernest 1899-
1961）– 人物研究 ② 海明威（Hemingway，Ernest 1899-1961）– 文学研究 Ⅳ .
① K837.125.6 ② I712.065

　　中国版本图书馆 CIP 数据核字 (2018) 第 000552 号

出版发行：沈阳出版发行集团 | 沈阳出版社
　　　　　　（地址：沈阳市沈河区南翰林路 10 号　邮编：110011）
网　　址：http://www.sycbs.com
印　　刷：辽宁星海彩色印刷有限公司
幅面尺寸：156mm×227mm
印　　张：11
字　　数：150 千字
出版时间：2018 年 3 月第 1 版
印刷时间：2020 年 5 月第 2 次印刷
责任编辑：王冬梅
封面设计：仙境设计
版式设计：北 北
责任校对：张 楠
责任监印：杨 旭

书　　号：ISBN 978-7-5441-9012-1
定　　价：35.00 元

联系电话：024-24112447
E - mail：sy24112447 @ 163.com

本书若有印装质量问题，影响阅读，请与出版社联系调换。

前言

让我们随着这套"大人物系列"走近世界文豪，聆听大师们的妙言，感受大师们非凡的生活。

置身于历史的画卷，仰望文字长空的星辉，寻找人类文化历史发展的历程。从古希腊的神话、王国到中世纪的骑士、城堡，从金戈铁马的古战场到五光十色的繁华都市，从奔腾喧嚣的瀑布、河流、海洋到恬静幽美的森林、峡谷、田庄，世界文学之窗一扇一扇向我们打开，久远凝固的历史画面和丰富多彩的生活图景在我们面前展开，让我们去漫游绚丽多彩、浩瀚无边的文学世界，让我们去游历文学世界的每个角落，体会人们的情感、爱恋、幸福以及痛苦、忧伤、希望……

在品读这些经典原著时，我们体会着大师们灵动的语言，共享着人类精神的家园，和大师们零距离接触，感受他们的生命和作品的意义，我们将能获取更多教益。让我们每一个人的文学梦从这里走出，在人生之路的不远处收获盛开的花朵和丰硕的果实。

本书介绍的是 19 世纪美国伟大的小说家欧内斯特·米勒尔·海明威的一生经历和创作历程，以及他的主要代表作品《太阳照常升起》《永别了，武器》《丧钟为谁而鸣》《老人与海》等。

目录

引言

　　欧内斯特·米勒尔·海明威（1899—1961）是美国著名作家、记者，诺贝尔文学奖获得者。他被认为是20世纪上半期美国最负盛名的小说家和"迷惘的一代"文学的杰出代表。他以富有传奇色彩的人生经历和独具一格的写作艺术风格享誉世界文坛，他的作品在美国文学史乃至世界文学史上都占有重要地位。

　　海明威一生的创作过程，可分为三个阶段，分别为：

　　早期创作（1923—1929）：20世纪20年代创作的作品显露了海明威散文风格的基本特色和"现代叙事艺术"。作品故事情节简单而意境纯一，语言朴实无华，句子短小凝练，环境描写达到了情景交融的境界。

　　中期创作（1929—1945）：20世纪20年代末到40年代中期，他塑造了为人民利益英勇战斗和无畏牺牲的反法西斯战士形象，如《第五纵队》《丧钟为谁而鸣》；他尊奉美国建筑师罗德维希的名言"越少，就越多"，使作品趋于精练，缩短了作品与读者之间的距离，提出了"冰山原则"，只表现事物的八分之一，使作品充实、含蓄、耐人寻味，如《午后之死》；他根据在非洲的见闻和印象写了《非洲的青山》《乞力马扎罗的雪》和《弗朗西斯·麦康伯短暂的幸福生活》。

晚期创作（1946—1961）：第二次世界大战后，海明威创作进入晚期，其代表作为《老人与海》，由于小说中体现了人在"充满暴力与死亡的现实世界中"表现出来的勇气而获得1954年的诺贝尔文学奖。20世纪50年代，他塑造了以圣地亚哥为代表的"可以把他消灭，但就是打不败他"的"硬汉形象"。圣地亚哥是海明威所崇尚的完美的人的象征：坚强、宽厚、仁慈、充满爱心，即使在人生的角斗场上失败了，面对不可逆转的命运，他仍然是精神上的强者，是"硬汉子"。"硬汉子"是海明威作品中经常表现的主题，也是作品中常有的人物。他们受到外界巨大的压力和厄运打击时，仍然坚强不屈，勇往直前，甚至视死如归。他们尽管失败了，却保持了人的尊严和勇气，有着胜利者的风度。

纵观海明威创作的作品，可以看出其鲜明的个性和艺术风格。

第一，"迷惘"的文学主题。海明威的许多作品都流露出怅然彷徨的迷惘情绪，反映了一代人对暴力和战争的困惑。20世纪20年代正值西方世界沉沦为社会崩溃后的荒原时期，他以反对帝国主义战争为主题，揭示了"迷惘的一代"出现的历史原因，控诉了战争毁灭人的理想和幸福，戕害人们的心灵，并使千百万无辜生灵涂炭。代表作品《太阳照常升起》。

第二，反战的思想立场。海明威的重要作品都以战争为主题，作品中的人物厌恶战争，充满恐惧，产生绝望。海明威在作品中揭露法西斯的暴行和惨剧，反战立场在作品中有鲜明的体现。代表作品《第五纵队》《丧钟为谁而鸣》。

第三，"硬汉子"形象。海明威塑造众多顽强拼搏、永不屈服的"硬汉子"形象，富有打动人心的艺术魅力，成为海明威文学世界里最有光彩的部分。如《打不败的人》。

第四，"冰山原则"的美学追求。海明威采用新闻简短的写作手法来进行叙事，用最简短的词语和含蓄的句子来表达深刻的内涵和最宏伟的庄重的思想。这形成了海明威的独特的创作风格。

海明威一向以文坛硬汉著称，是美国精神的化身。他本人及其笔下的人物形象影响了一代甚至几代美国人，人们争相仿效他和他作品中的人物。海明威被誉为美利坚民族的精神丰碑。

海明威一生之中曾荣获很多奖项。他在第一次世界大战期间被授予战斗英雄银质勋章；1953 年，他以《老人与海》一书获得普立策奖；1954 年，《老人与海》获得诺贝尔文学奖。2001 年，海明威的《太阳照常升起》与《永别了，武器》两部作品被美国现代图书馆列入"20 世纪中的 100 部最佳英文小说"之中。

"因为他精通于叙事艺术，突出地表现在他的近著《老人与海》中，同时也由于他在当代风格中所发挥的影响。"对于这一赞誉，海明威是当之无愧的。海明威一生的创作在现代文学史上留下了光辉的一页。他以自己的经历披露了当权者的伪善和现实的残酷，刻画了美国年轻一代的迷惘情绪，作品中洋溢着对劳动人民的热爱，在探索艺术创作的途径中使现实主义在开放性的兼容并蓄中获得了新的光彩！

获奖后的海明威患有多种疾病，身心遭受极大的痛苦，再没能创作出很有影响的作品，这使他精神抑郁，形成了消极悲观的情绪，终于以自杀的方式求得解脱。

约翰·肯尼迪总统在给海明威的唁电中说："几乎没有哪个美国人比欧内斯特·海明威对美国人民的感情和态度产生过更大的影响。"

哥伦比亚作家马尔克斯在《与海明威相见》文章中称："海明威的所有作品都洋溢着他那闪闪发光、但却瞬间即逝的精神。这是人们可以理解的。像他那样的内在紧张状态是严格掌握技巧而造成的，但技巧却不可能在一部长篇小说的宏大而又冒险的篇幅中经受这种紧张状态的折磨。这是他的性格特征，而他的错误则在于试图超越自己的极大限度。这就说明，为什么一切多余的东西在他身上比在别的作家身上更引人注目。如同那质量高低不一的短篇小说，他的长篇也包罗万象。与此相比，他的短篇小说的精华在于使人得出这样的印象，即作品中省去了一些东西，确切地说来，这正是使作品富于神秘优雅之感的东西。"

美国著名文学评论家威拉德·索普在他的《二十世纪美国文学》中对海明威给予了崇高的评价："海明威是当代最伟大的自然主义作家之一。他敢于突破传统，创造新的风格和手法为适应题材的需要。"

第一部分　生平与经历

生活总是让我们遍体鳞伤，可是后来，那些受过的伤终将长成我们最强壮的地方。

1. 出生与家庭

欧内斯特·米勒尔·海明威，1899 年 7 月 21 日出生于美国伊利诺伊州芝加哥附近的橡树园镇的一个笃信宗教的知识分子家庭。家中共有 6 个孩子，海明威排行第二，有 1 个姐姐，3 个妹妹和 1 个弟弟。

刚出生时的海明威，体重 9.5 磅，身长 2 尺多，头发浓密又黑，眼睛深蓝又大。正值夏季，万里晴空，知更鸟欢快地叫着，迎接这个新的生命。因为他是家中的长子，被家里人亲昵地称为厄尼。

海明威的外祖父欧内斯特·霍尔在十七八岁的时候随全家从英国乘船来到美国。在南北战争期间，21 岁的他参军成为骑兵团的一名战士，一年后，因腿部受伤而退役。他在芝加哥做起了刃具生意，生意很好，在奥克帕克定居。海明威的名字"欧内斯特"就来自外祖父的家族。

海明威的祖父安森·泰勒·海明威年轻时也参加过南北战争。1864 年擢升为少尉。战后，他被安排在伊利诺伊的惠顿学院工作，后来在芝加哥经营地产发了财。海明威小时总爱听祖父讲战争中的故事。

海明威的父亲克拉伦斯·爱德嘉兹·海明威在奥柏林学院接受过高等教育，后转入爱丁堡大学的拉什医学院。毕业后去了纽约的一家妇产医院研修妇产科研究生课程。之后，他回到家乡奥克帕克医院行医。

海明威故居

他不但精通医术，还喜爱打猎、钓鱼和研究自然等户外运动，可以说是个涉猎广泛的杰出医生。父亲的生活习惯及兴趣爱好影响着幼年的海明威。从小的耳濡目染，使海明威养成热爱学习的良好习惯。父亲的言传身教，培养了海明威勇于冒险的性格。

父亲教会了海明威钓鱼和射击。钓鱼培养了他坚毅的性格和耐力，而学习射击使海明威加强了注意力的集中和心理的稳定性。海明威对枪支产生了浓厚的兴趣，枪支对于海明威是一样重要的武器和精神力量，在他以后的创作中，枪支经常出现在作品里，并且成为一种力量的象征。

海明威的母亲喜爱绘画和音乐，她是一位有很深艺术修养的女人。由于童年时得过猩红热，病愈后留下了不敢见强光的毛病。她不得已放弃了音乐生涯的梦想。她在家中设立学堂，教授音乐知识。她的教学收入甚丰，比当医生的丈夫收入高出 20 倍。在家中，她一直很强势。她信奉宗教，给 4 个女儿取了圣徒的名字，家中的布置也带有宗教色彩。

4 岁前的海明威，母亲把他打扮得跟他的姐姐一样。留着女孩的发型，穿着带花边的衣裙，还带着有花饰的沿帽。和姐姐在一起，简直就是一对双胞胎姐妹。

幼年的海明威和父母、姊妹在一起

在海明威小的时候，母亲让他学大提琴。海明威对大提琴毫无兴趣，但并不影响他热爱音乐。他喜欢巴赫和莫扎特的作品，也喜欢美术。他善于从一切艺术中学习寻求美好的灵感，提升艺术修养与表达感情方式。海明威说："我从画家身上学到的东西同从作家身上学到的东西一样。"这使得他的写作具有艺术的灵性，包含着音乐的韵律和美术的色彩。

父亲和母亲有着不同的性格和不同的爱好，两个人都有冲动的神经质，在经济上，在教育孩子问题上，两人经常吵架。这给海明威的童年留下了深刻的印象。

海明威被母亲打扮成女孩的样子

1900 年的夏天，不满 1 岁的海明威随着家人几经周折来到了奥克帕克东北部瓦伦湖畔的田舍。这是两年前父亲买下的地皮，如今房子建成了。房子坐北朝南，前方是一片青山、一片绿水，幽美宁静。房子有一间起居室，室内有大壁炉，四面有窗，很明亮。还有两间卧室、餐厅和厨房。一条游廊直达湖边，游廊有顶棚，两边有栏杆，湖边有游船。

小海明威有了淘气的用场。他身体结实，两只手比姐姐的手还大。玩起玩具来，很投入，又踢又叫。母亲做祷告时，他跟在母亲的身边，一会儿，就听见他吆喝一声"阿门"，随即站起来，表示祈祷结束，很是调皮。

儿时的海明威喜欢漫画，常常对着画册看得入迷。看着看着，突然间他会忘形地大笑，原来是看懂了画面里的意思。他还喜欢听大人讲故事，再把听来的故事加入自己的想象，编故事讲给别人听。4 岁时，他进幼儿园了，他雀跃着参加自然学习小组。他喜欢大自然，更喜欢各种动物。他常常同比自己年龄大的孩子们钻进树林中玩耍，在河两岸的灌木丛中识别各种鸟，还采集各种树木的标本。

5 岁的生日到了，外祖父霍尔送给小海明威一台显微镜。小海明威太高兴了，整天抱着这个宝贝，凝神看昆虫标本、看岩石的纹路。

　　海明威的童年是在田舍中度过的。房子的对岸有大片的农田，四周栽了许多的树，那是费尔德农场。一条崭新的木船，在湖中荡漾，这是他们家的水上工具。小海明威在这自由的天地里快乐地成长着，他的童年生活是幸福的，颇为优越的家庭，给他提供了安逸的环境，他尽情地开发着自己的兴趣和爱好。父亲虽是严厉的，却与他关系十分亲近；母亲虽然唠叨，却对他的成长起着潜移默化的作用。

2. 少年时代

　　1905 年 5 月 10 日，外祖父去世了。母亲卖掉外祖父的老房子，开始修建肯尼渥斯大街 600 号的新居。1906 年 4 月，小海明威跟随父母离开了田舍搬进了新房。

　　这是一幢两层的楼房，看上去很壮观。外墙用灰泥粉刷，木制的门窗。室内有 15 个房间，卧室、音乐室、会客室、书房及收藏室一应俱全。小海明威在这里步入了少年时代。

　　1905 年秋，小海明威上了小学。他的学习成绩很优秀，他对读书有着浓厚的兴趣，可以说是嗜书如命。他的房间里到处是书，他看的书，其难度大大地超出了他的年龄所能接受的程度。

　　海明威一家每年都去密歇根州北部的华隆湖畔度假避暑，那里荒芜、偏僻，湖里有各种水生物，海明威能识别很多鱼的种类。

　　海明威喜欢上了野外活动，他总是盼着放假，盼着能在瓦伦湖畔的田舍过上一段无拘无束的假期，盼着能去过一下野外的生活。因为在那里有渥太华印第安人居住的房子，他们融于大自然的简朴而原始的生活方式，以及他们的本真和纯洁，给小海明威留下了深刻的印象。

父亲有意培养他独立自主、独立思考的能力，培养他对大自然的热爱和生存本领。在父亲的教导下，海明威学会了许多野外生存技巧，他会用斧子砍伐树木在林子中搭棚子，他会钓鱼、杀鸡、宰鹅，还会煮东西。父亲还教会了他打猎和用旧模具造新子弹。海明威喜欢户外的海阔天空和荒野之地，他在大自然中领悟到了"适者生存"的自然法则。

在父亲的影响下，钓鱼、打猎和读书成了他一生的三大爱好。

母亲希望海明威成为一个行为斯文、做事规矩、有教养的附庸风雅的人，她很早就开始对海明威进行艺术启蒙。她迫使海明威学琴，希望儿子能出人头地。可是少年海明威对此不感兴趣。面对母亲的逼迫，他无可奈何又烦躁难耐，他常常用拉断琴弦予以反抗和捣蛋。虽然没有学成音乐和绘画，但他的艺术鉴赏力在无形中增强了。特别是在绘画上，他的鉴赏能力竟在母亲之上。

10 岁生日时，父亲把一支崭新的 0.2 口径长管猎枪送给了儿子。海明威从此与枪结下了不解之缘。

也许是海明威觉得零花钱不够，抑或乐于挣钱，海明威常在假期去打工。他做过简单的农活儿，比如在集市上卖菜，还做过报童，送报纸。他用挣来的钱去郊游，去拳击场学拳击。海明威少年生活是快乐和自由的，他对安逸的生活有着一种天然的反叛和革新。

海明威 12 岁时，写了第一篇小故事《我的头一次海上旅行》。

少年海明威在钓鱼

3. 中学校园里的活跃者

1913年秋，14岁的海明威进入奥克帕克中学。奥克帕克中学建筑宏伟，学校颇有规模，名师云集，在当时的美国是很有名的中学。这所学校很重视文科课程。校内有一个校报《秋千》和一个刊物《书板》，用来发表师生们的文章。

学校开设语文、历史、外语、数学、化学等十几门课程。海明威的各门功课都很优秀，他的文章经常被老师作为范文在班级里朗读。他很快就赢得了老师的喜爱，也成为同学们心目中的榜样。

老师的表扬激发了海明威写作的兴趣。在家中，他独占一台打字机，放在三楼。他经常独自一人在楼上安静地写作。由于他写的东西涉及冒险和犯罪，当他把写好的一些小故事读给同学们听时，同学们都很惊讶。因为这个年龄的学生对这些事情是不了解的。

17岁的海明威担任校报《秋千》的编辑，也为校报撰稿。这期间他写的文章有30余篇，大多发表在《秋千》上。文章有关于体育活动的报道，也有他的乡村游记。

1916年2月，海明威在文学刊物《书板》上第一次发表短篇小说《大神的审判》，讲的是发生在密执安北部森林里的一个故事。印第安人彼尔的钱包丢了，他以为是他的白人朋友偷的。于是他设计路障来算计他。后来发现钱包是被老鼠叼走的，他急忙去清除路障。结果晚了一步，他的朋友被路障困住，已被恶狼等动物分吃了。彼尔自责不已，跳进一个捕熊的机关，以死谢罪。小说以人物的双重死亡而结束。

1916年4月，海明威在文学刊物《书板》上第二次发表短篇小说《大神的审判颜色事件》，讲的是一场拳击赛中暗藏阴谋的故事。在白人唐摩根和黑人甘斯的拳击比赛中，裁判鲍勃断定白人会赢，并下了大笔赌注。裁判私下雇人持棒站在幕后伺机打伤黑人。结果，幕后人出手时打错了人，导致鲍勃赌输了。因为打手的眼睛得了色盲症。小说给人以出乎意料的结局，大有欧·亨利的写作风格。

同年，海明威在文学刊物《书板》还发表了短篇小说《赛皮·金根》。这篇小说让海明威声名大振。这是一部复仇小说。赛皮·金根是印第安人比利的一只狗。恶人保罗杀死了比利的表兄。比利决心报仇，跟踪了保罗两年。保罗有些知晓。一天，保罗在路上袭击了比利，那只狗勇敢地冲上来，救下了主人，报了仇。

海明威功课好，文笔好，创作能力强，但写作的内容有些激进。

海明威除了写作之外，还参加校内的各种集体性文体活动。他是学校田径队的主管、篮球队和水球队的队长、足球队的队员。还是学校管弦乐队的大提琴手、射击俱乐部的骨干分子。在学校举办的各类演讲上，他的辩论的口才和英俊的形象为大家所推崇，他的名气飙升，成为校园的小名人。老师在他的年终鉴定上这样写着："还没有人聪明胜过海明威。"

海明威的业余时间，还有自己的体育活动，他迷恋钓鱼、打猎和拳击。以前他总是跟随父亲一起出行和活动，在这个时期海明威开始了独自的活动。周末大多是海明威打猎时间，他最喜欢的打猎去处是两公里外的大草原捕猎场。那里有各种的野鸡和鸟。假期时，海明威总会约上几个伙伴去校外旅游，泛舟湖上，钓鱼是他最喜爱的活动项目。

曾经有一次，16岁的海明威在华隆湖用枪将受保护的苍鹭打了下来，被巡边员发现后躲进叔叔的农场。父亲知道后写信给海明威，要他到法庭接受审判，承认自己的错误，承认触犯了法律。告诉他，这也是男子汉的一种勇敢。海明威听从了父亲的意见,在波恩市的法庭上述说了事情经过,最终缴了 15 美元罚金。这是海明威第一次面对官司,心情很沮丧。这段经历被写入他后来的小说中。在海明威 50 多岁时与别人提起这件事,还说:"谢天谢地,幸亏当时没被送进劳动教养学校。"

这个时期,海明威迷上了拳击,这个爱好伴随其一生。由于他经常在农场劳动,他的身材高大,身体也强壮,很快成了一个出色的拳击手。1916 年春,他第一次参加了职业拳击赛。这是一个残酷的运动项目,在各项比赛和训练中,海明威击倒别人的次数,永远比自己被别人击倒的次数多,他是一个天生的本色拳击手。在其拳击生涯中,他悟出了人生的真谛:拳击教会我绝对不能躺下不动。

海明威在中学里就已经有了强烈的竞争意识和好胜心理,这种心态贯穿着他的一生。

4 年的中学生活即将结束,由于海明威在学校的学习成绩优秀,并且各方面的表现突出,学校推选他代表毕业的同学们进行告别演讲。18 岁的海明威以其饱满激情的一段讲话,博得了师生和家长们热烈的掌声,毕业典礼的气氛因他达到了高潮。

4.《堪萨斯市星报》实习记者

1917 年,海明威中学毕业后,因他成绩优秀,学校要保送他去伊利诺伊大学学习,他拒绝了。父亲要把他送进奥柏林学院学医,他也拒绝了。18 岁的海明威要自己做主去当兵。

当时,第一次世界大战在欧洲战场开始步入战争的第三阶段,同盟国和协约国之间打得已见分晓，大战的战略主动权转移到了协约国一方。1917 年，美国感觉时机已到，加入对德作战。在美国，为保卫世界民主与和平而战的情绪高涨，在青年中间激荡一种狂热的战争氛围，海明威和许多年轻人一样，充满了对上战场的渴望和对荣誉的追求。他和同学们一起踊跃报名参军。

由于海明威的视力不合格，他被拒绝参军。沮丧的他拿定主意，不接受父母的安排，他不要上大学，他要寻求一份工作。

在叔叔的帮助下，海明威来到了美国西南的《堪萨斯市星报》做实习记者。

1917 年 10 月，海明威来到了一个拥有几十万人口的大都市堪萨斯。成了大城市大报社的新闻实习记者，海明威内心高兴极了。报馆分给他的任务是采访市内有关社会治安方面的新闻，周薪 15 美元。

海明威开始了记者生涯。他到派出所采访犯罪新闻；去火车站跟踪采访社会名人和收录新闻秘事；到医院跟踪凶杀案例、交通事故的即时报道。海明威很快适应并爱上了这份工作。这家报馆以报道的简洁明快为特点。海明威所写的报道曾被报馆的主编要求彻底删去形容词，他在这里受到了最初始的文字训练。《堪萨斯市星报》对记者的文体要求是"要写短句，第一段要短"，"用陈述句，叙述要有趣味"，"不要用陈旧的形容"，"要正面说，不要反面说"，"避免使用形容词"，等等。这 6 个月的实习对海明威的写作来说是一个良好的开端，使他在创作之初就形成了文字简练、言简意赅的创作观，奠定了他简洁明快的创作风格。用他自己的话说："这些就是我在写作方面所学到的最好的准则。我从来没有忘记过这些东西。一个有才能的人在真正感受和如实描写他要表达的一件事情时，只要遵守这些准则便万无一失。"

记者生涯为海明威提供了经济保障和参加战争的资格，更为重要的是为他提供了大量的创作题材和创作思路，也形成了他文体和语言特点。他的作品语言简洁，陈述生动，短句精练，开创了新闻体小说的先河。以往的小说长篇累牍，他的小说简单而有力度。海明威是继福楼拜之后，小说最伟大的简化者。他第一个提出了"新闻写作并不影响小说"的观点，并将新闻与小说融合，使小说具有新闻式的简洁魅力。

这段经历对海明威的影响很大。后来，他在 1920 年 12 月为《多伦多明星报》和《多伦多明星报周刊》做自由撰稿人。为精装月刊《合作联社》做助理编辑，主要是编写广告宣传文字，周薪 40 美元。

海明威很喜欢记者这份工作，但他没有放弃去欧洲战场上搏击的愿望。战争的消息不断传来，海明威要亲临战场的想法也越来越强烈。他渴望参与到战斗中去，感受战场的硝烟与战火。每当听到战争的消息，他只能与别人激烈讨论一番，或者摩拳擦掌跃跃欲试。他太不甘心只做一个旁观者了。1918 年年初，他与另一名记者布伦贝尔报名参加了红十字救护队。布伦贝尔曾参加过美国陆军，曾在法国开过救护车。

海明威终于加入美国红十字会赴欧救护队，他将投身意大利战场。1918 年 4 月末，海明威乘车回到家中与家人告别。

5. 军旅：战火中的青春

1918 年 5 月 23 日，海明威与来自全国各地的 70 余名志愿者在纽约乘坐"芝加哥号"客轮前往巴黎。经过几天的航行，到达法国波尔多港，后乘夜班火车到达巴黎。他们在这儿将停留两天。

海明威看到了巴黎这座美丽的城市正遭受德军远程炮弹的轰炸，看到了巴黎市民神情慌张，海明威非常急迫地要到前线上去。

两天后，海明威和他的伙伴们乘火车到达意大利米兰。又过两天，海明威和布伦贝尔被分在救护第四组，被派往米兰以东90英里（1英里=1.609千米）的斯基奥救护站。在这里，海明威的任务是开车将伤员从转运站送往医院。

这样的工作干了20多天，海明威感到乏味了。他申请报名到更接近前线的一个被炮火摧毁的福赛耳塔小村庄去工作。得到批准后，他来到了前线这家红十字会的小商店。他经常到前线的战壕中去，给战士们分发巧克力、香烟等物品。

英雄是这样炼成的

1918年7月8日的一个午夜，海明威来到福赛耳塔附近皮亚维河沿岸的战壕为战士分发巧克力。寂静的夜，战场上少有的安静，海明威从一个意大利士兵手中拿过一支枪，突然向奥地利军队的前沿阵地猛烈射击。他的枪声惊动了宿营的敌人，对方顿时枪声大作。几秒钟后，一个意大利狙击手跌倒在用钢丝网拦住的真空地带。见此情景，海明威跃出战壕，想把那个意大利狙击手救回来。也就在这个时候，一个迫击炮弹在他身边爆炸，火光闪过，一声天崩地裂的巨响，随后便是一团红色的火球，空气中弥漫着浓烈的令人窒息的火药气味。他感到前额好像被人敲了一闷棍，脑海里出现许多绿色和白色的火星。海明威使劲地甩了甩头，从震荡中清醒过来，继续艰难地向夜幕中的狙击手倒下的方向爬去。那个受了重伤的人，发出十分凄凉的声音。海明威慢慢爬向他。他弓起身子，将那人扶到后背上，蹒跚着往回走。走了不到50米，敌人的重机枪扫射，击中了他右腿的膝关节。海明威又摔倒了。此刻，他觉得自己要死了，但他依然前进，

海明威年轻时照片

像蜗牛一样向安全地带爬行。在这种半昏死状态中，海明威连滚带爬地走完了100米，身后留下了一条血路。海明威终于返回了掩体。

那个被救的伤员死了。海明威浑身上下鲜血淋漓，火烧火燎的疼痛让他一次又一次地昏过去。黎明时分，海明威被抬到了3公里之外的救护站，在那里的露天手术台上医生对他开始了手术急救。在注射了吗啡和抗破伤风针剂后，医生从他的腿上取出了28块弹片。然后由救护车送往战地医院，5天之后又被转送到米兰的基地医院。

1918年7月17日早晨6点，海明威到达米兰的基地医院。这一天距离海明威的19岁生日仅差4天。

海明威身上的伤有237处之多，大都在腰部以下，除了两个膝盖受伤较重外，其他基本上算是轻伤。刚来医院时的海明威，身上简直像个筛子，许多医生以为他不能再走路了。医术高超的森玛雷利大夫为他实施了多次手术，将他身体中的绝大部分弹片取了出来。

由于海明威的身体素质好，加上年轻，伤势恢复得很快。8月，他便可以摇着轮椅行动了；9月中旬，尽管右脚还穿不了鞋子，但他却能挂着双拐到楼下散步了；10月中旬，他挂着一根手杖，便可一拐一拐地逛街了。

海明威在康复期间得到了最好的治疗，而且也获得了荣誉。他得到了意大利政府颁发给他的"战斗英雄银质勋章"。他的勋章授奖词是："他在遭受敌人许多弹片的创伤后，不是先考虑自己，而首先以高尚的兄弟情义，向同时受重伤的意大利伤员伸出了救援之手。"

海明威是第一个在意大利受伤的美国人，所以美国芝加哥等地的报纸也都纷纷在显要位置刊登了有关他作战受伤的消息。海明威家乡的报纸《橡树叶》根据海明威的家信编成故事加以报道，《芝加哥晚邮报》也刊登他的英雄故事。

对这些来得太快的荣誉，海明威非常高兴，同时他也为自己能够经受战火的考验和接受长时间的治疗而神奇恢复起来的健康而自豪。他每天都坐在病床上接受各界人士的来访和慰问，还收到了许多来自国内外对他表达敬重的鼓励和问候的信函。海明威尽管身上伤痕累累，但他却始终保持着昂扬的斗志和良好的精神风貌。救治他的大夫、护士，前来探视他的朋友以及跟他一起治疗的伤员们，大家都非常喜欢他，而且普遍感觉到他这个人性格当中有区别于常人的独特素质。

这时的海明威对战争的看法还是理想主义的，他随时准备为祖国而献身。若干年后，他意识到了战争的真相，开始反思这场战争，这在他的作品中都有直接的反映，比如《永别了，武器》。

1918年11月，第一次世界大战结束，海明威回到美国。战争结束后，人们通常会歌颂英雄。《纽约太阳报》的记者对海明威进行采访。橡树园的乡亲更是对他翘首企盼，当地报纸对他的报道明显夸大其词。他所在的中学还邀请他做报告，请他讲述战场上的故事，介绍战斗中的经验。

战争成就了他。这场战争为海明威的创作提供了大量丰富的题材和人

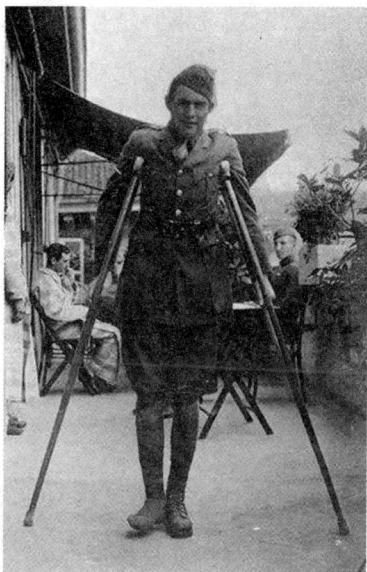

第一次世界大战中负伤的海明威

物原型，为他提供了源源不断的创作灵感和伟大的构思。同时，战争留给海明威的伤病使他痛苦不堪，甚至影响后期的创作，直至自杀去世。可以说，战争也是折磨和扼杀这一伟大作家的根源。

初恋

海明威住院期间，有一个名叫阿格尼丝·冯·库罗夫斯基的美国女护士经常照顾他。阿格尼丝的温柔善良和明朗欢快、富有同情心和待人诚恳、聪明伶俐又处事得体博得了大家的一致赞美，被誉为1918年美国在意大利北部的一颗明星。阿格尼丝比海明威大7岁，生于美国宾夕法尼亚州的费城。父亲是法国人，母亲是美国人，外祖父是一位将军。1918年1月，她申请加入红十字救护队，并于海明威到来之前一个星期来到米兰这所医院。

海明威毫无疑问是有魅力的，在米兰这座充满罗曼蒂克氛围的战地医院里，很多女护士对他都有一种特别的好感，阿格尼丝也是其中一个。海明威对这位身材颀长、栗发碧眼、风姿绰约的护士一见钟情，并以自己的魅力博得了这位白衣天使的爱。阿格尼丝经常到海明威的房间去，在别的伤员睡下之后还要再去看看他。阿格尼丝不值班的时候，海明威经常到她的房间说悄悄话。他们的感情很快便发展到了一种狂热的程度。在海明威的生活中还是第一次体验到爱情的力量和美好。海明威亲昵地称呼阿格尼丝为"阿格"，阿格尼丝也称海明威为"基德"，并私下称自己为"基德夫人"。

10月中旬，阿格尼丝调到佛罗伦萨另一家医院。临行前的晚上，两人在医院的图书室依依惜别。分别后，阿格尼丝几乎每天都给他写信，而海明威则一天写给她数封信。两人的感情在频频的两地书中诉说着、呼唤着，并不断升温。

11 月中旬，阿格尼丝返回米兰，仅一周又被调往特雷维索。繁忙的阿格尼丝只好每两天给海明威写一封信。海明威无比思念他心中的姑娘，在一次信中提到自己有可能去看她。阿格尼丝接到信后高兴万分，繁忙过后的她总是望着窗外和门外，热切盼望着。

12 月 9 日，海明威真的来了。阿格尼丝面对突然出现的海明威，却有一些难言的懊丧。因为海明威一瘸一拐的懒散步子和生硬的笑声来到她的同事面前时，她感觉海明威有些鲁莽，她没有理解那是一个初恋者情绪激动和紧张的表现。

海明威在这里度过了一段美好的日子。特雷维索是两个人最后见面的地方。怀着与阿格尼丝结婚的美好愿望，海明威于 1919 年 1 月初离开意大利返回美国，回到橡树园。

1919 年 1 月末，海明威回国后就收到了阿格尼丝的来信。恋人间就这样互诉衷肠，通报着各自的情况。海明威因为思念而孤独，他经常在院子里用信号枪向着情人的方向打照明弹，把夜空照亮。而阿格尼丝总是那么忙，忙得有时看不上海明威的信。接着，阿格尼丝抱怨他的信太多了，再接着，她向海明威说自己不像海明威说的那么好，等等。海明威意识到其中的微妙了，但海明威不愿怀疑他的真挚的爱情。

3 月的一天，阿格尼丝的信中坦言自己爱上了别人，并打算春天结婚。原因是自己比海明威大 7 岁，不合适，并说自己的这个决定，海明威将来会理解的。

阿格尼丝太现实了，她现实的有些残酷。对于陷入情网的海明威来说犹如又经历一场前线炮弹的轰炸，这个坚强的汉子倒下了。他高烧不退，他的心中烈火焚烧，他痛恨她的见异思迁和背信弃义。最终，海明威步出了失恋的阴影，但这段刻骨铭心的初恋却影响了他的一生。

阿格尼丝是海明威平生所爱的第一个女人，她的背叛给海明威造成了心灵的创伤，致使海明威在以后的感情生活中，总是采取一种情感的自我保护。在婚姻生活中，一方面维持当前的婚姻，另一方面会找另一个女人作为情感的预备。他总是在妻子可能提出离异之前，先下手抛弃她。他再也来不得感受被抛弃的苦闷、孤独、寂寞的滋味了。

6. 苦闷

从战场归来的英雄经历了短暂的兴奋期，就迎来了失恋的孤苦，那些荣誉、赞美和喝彩都成为过去。他的心情很坏，孤独、苦闷和迷惘一齐袭来。战场上炮火震荡后所导致的心理阴影也出现了。一闭上眼睛就出现炮弹爆炸的场面，耀眼的白光，破碎的尸体，呻吟的伤者。他的精神低迷、思绪混乱了。

回到奥克帕克这宁静又封闭的小城市，海明威感到是一种时光上的大后退，一切又回到了真实和具体。摆在面前的是怎样谋生的问题。父母希望他能到大学学习一些生存本领。他感到父母是在给他施加压力，他不愿也不可能沿着父母指给他的路走下去。他选择的道路就是当作家，他要把战场上的所见所闻所感记叙下来，只是他一直在寻找、在捕捉文字的逼真和魅力。

家庭的气氛越来越紧张，在父母的眼里，这个儿子无所事事，抽烟喝酒，不读书，不工作。海明威接受着母亲的唠叨、规劝和质问，他感到自己无处可逃。

1919 年 9 月，海明威的伤势大好，中断了两年的打猎、钓鱼的野外活动又开始了。他和几个朋友开着车到处游玩，暂时忘却了眼前所有的烦恼和苦闷。10月，他用自己的富商保险金在外面租了一个小旅店，闭门写作。

12月，海明威应当地妇女协会之邀在图书馆做了最后一场他经历战争的报告。听众中有一个从加拿大回美探亲的妇人，名字叫作哈丽雅特·康纳尔的，她对海明威的演讲很感兴趣，邀请海明威去多伦多她的家中陪伴她的小儿子，为期4个月。

1920年1月，海明威欣然前往加拿大多伦多。

《多伦多明星报》——再续记者生涯

1920年1月6日，新年伊始，海明威来到了多伦多林德赫斯特大街153号康纳尔府。

拉夫尔·康纳尔先生是一家百货公司的总经理，他热爱文学，且独具慧眼。他跟海明威交谈一番后，便认定海明威是一个不可多得的作家。他利用自己的关系将海明威引荐给《多伦多明星报》。该报的主编克兰斯顿先生答应在每期第一版上发表海明威的文章，每篇稿酬10美元。

拉夫尔·康纳尔夫妇陪女儿去帕姆海滨度假去了，海明威按约定陪着拉夫尔·康纳尔夫妇的小儿子。他给这个男孩讲述战争中的英雄故事，同时海明威开始了文学创作。在远离父母的日子里，海明威的心静了很多，他写的文章简洁明快、生动清新及幽默风趣让报业的同行深深折服，他文笔的锋利泼辣令主编刮目相看。在2—5月期间，他发表了特写文章11篇，其中有几篇被放到了名人栏目里。

短短的4个月结束了，海明威与《多伦多明星报》的缘分并没有终止，在后来的日子里，他以《多伦多明星报》的记者身份常驻巴黎。

写作与生存都如此艰难

5月，海明威回到了美国，继续过着寂寞苦闷的日子。为了躲避与父母的冲突，他跟朋友来到霍托海湾租了一间房子。在这里，他开始了写作，他在写作中忘却他的爱恋，忘却外在的所有的压力。他一遍一遍地写，承受着一次又一次退稿的打击。

为了提高自己的写作水平，海明威拜访了《芝加哥论坛报》记者兼作家爱德温·贝尔默。贝尔默35岁，为人正直，乐于助人。他指出了海明威写作中的一些问题，并介绍给他几家杂志编辑的名字，鼓励他勇敢投稿。经过这次拜访和学习，海明威暗下决心，发誓一定要写下去，一定要用作品赢得编辑的信任。他要和活跃在当时文坛上的作家比拼。

这期间，他写下了《匹克斯·麦克卡蒂冲过去》，描写了战争中的血腥屠杀的场面。

1920年10月，海明威跟着朋友毕尔住进了其兄肯利·史密斯在芝加哥东大街100号的公寓。肯利喜欢文学，14岁即考入哈佛大学，毕业后在芝加哥从事广告业。他的妻子在纽约学习音乐，独自在家的他召集了一些爱好文学的青年人一起吃住。大家在此畅谈写作，交流理想。

海明威来到芝加哥后，一直在寻找工作。在很长的时间里，他只能零零星星地给人写一些广告词，有时给《多伦多明星报》写一些特写文章。他大部分时间都在自己的房间里用打字机写作，纸篓中满是废弃的稿子，还有那些令他生厌的退稿信。近两个月，海明威处在经济上的困难期。他已是焦头烂额，他用愤怒的脚步排解着内心的烦恼。

一天早上，海明威看见《芝加哥论坛报》上刊登的招聘编辑的广告。他决定去应聘。很快他得到了美国合作组织主办的月刊《全国互助合作》

的助理编辑一职，月薪 40 美元。他在这里工作了 10 个月，一直到这个组织倒闭。

在肯利这个青年人聚居的公寓，海明威结识了后来成为他第一任妻子的哈德莉·理查森。

7. 婚姻

哈德莉身材高挑，容貌迷人，举止文雅，才情横溢。1891 年，她出生在圣路易斯，兄妹六人。12 岁时，父亲因企业破产而自杀，她与母亲生活在一起。她是一个很有才华的钢琴手，因身体的原因放弃了自己的音乐爱好。读书时，与肯利的妹妹凯蒂同学成了好朋友。1920 年秋，哈德莉的母亲去世，孤独的她在好友凯蒂的邀请下，于 10 月下旬来到芝加哥，来到了肯利的公寓。

哈德莉在肯利的公寓停留了 3 周。这期间，她结识了比自己小 8 岁的海明威。她被海明威的英俊和才气所吸引，特别是他的待人和气、精明能干给自己孤苦的心带来了慰藉和希望。海明威正值失恋和找工作的烦恼中，看到了哈德莉，生命顿时燃起了

海明威和第一任妻子哈德莉·理查森

激情。两个年轻人在频繁的接触中彼此相爱了。

哈德莉回到了圣路易斯。海明威与哈德莉之间的爱情在彼此的信件中强化着。1921 年 3 月 11 日，海明威前往圣路易斯看望哈德莉，以解相思之苦。半个月后，哈德莉伙同几个女友去芝加哥，看望海明威，开始谈论婚嫁。6 月 21 日，他们订婚了，订婚仪式在圣路易斯举行。海明威的母亲得知儿子的情况，非常高兴，这是海明威自离开家以来，第一件让她高兴的事情。

9 月 3 日，海明威和哈德莉的婚礼在霍托海湾的教堂举行。婚后，他们在芝加哥的克拉克北路租了一套顶楼房间。这时海明威还没有找到固定工作，他们靠着哈德莉母亲留下的一笔信用基金和继承叔父的 8000 美元的遗产生活着。

哈德莉作为海明威的第一位妻子，为海明威成为作家提供物质上支持和精神的鼓励。她是一位优秀的女性，给予丈夫最大的信任和帮助。

肯利的朋友舍伍德·安德森是一位有影响的作家，他 50 多岁。5 个月前海明威在肯利的公寓与他相识。如今安德森刚从巴黎回来，海明威夫妇为他接风。吃饭间，安德森介绍了巴黎的情况。他告诉海明威，巴黎集中了全世界用英文和法文写作的名家，是当今文化的中心。他建议海明威到巴黎去，并向海明威推荐了住处，又写了一些介绍信函向他的文学朋友进行引荐。海明威心动了。

为了保证在法国的基本开销，海明威与他曾供稿的《多伦多明星报》联系，作为该报的编外记者，前往巴黎工作。这样报社支付他们夫妻的旅费，若海明威的文章能在本报刊出，另给稿酬。

1921 年 12 月 5 日，正值天寒地冻，海明威夫妇登上了开往法国的轮船。

8. 打拼从巴黎开始

1921 年 12 月 22 日，海明威和妻子哈德莉到达了巴黎，两人一路上都很兴奋。在安德森的朋友的帮助下，两人找到了一个便宜的住处——卡迪那大街 74 号。这是当地贫民集中居住的地区。

在巴黎，他们了解了当地的风土人情，参观了卢浮宫，凭吊了拿破仑的墓地，浏览了塞纳河。海明威把他的所见所闻进行加工编成故事交给《多伦多明星报》发表。

1922 年 4 月初，《多伦多明星报》报社要求海明威去意大利热那亚采访报道国际经济会议。

这是一个有 34 个国家参加的大型国际会议。预计在 4 月 9 日举行。会议期间，海明威给报社共写了 15 篇文章。集中报道了出席会议的政治家及他们的公开讲话。这里有苏联的外交部长契切林，有德国首相卡尔·维尔特，等等。海明威在会上还结识了不少的记者朋友。他也因为这次采访，对战后那些领导人有了近距离的了解，看到了意大利被接管前的骚乱。他还以记者的身份采访了意大利法西斯党新领袖墨索里尼。

海明威回到巴黎不久，报社要求他到土耳其的君士坦丁堡，采访报道土耳其与希腊的战争。海明威独自开始了这次的中东之行。他为报社写了 14 篇文章。除了报道战争，也报道了难民的悲惨场景。因此，他的文章有了更深层的意义。海明威积攒了大量的写作素材，为以后的文学创作打下了基础，如《午后之死》《乞力马扎罗的雪》中的一些情节都来自这场战争。

这次出行，海明威得了疟疾，他带病坚持着，一直到 10 月 18 日回到巴黎。

在巴黎停留了 1 个月，海明威又接到去瑞士采访报道裁决希土战争的国际和平会议。11 月 22 日，海明威又独自一人到达了瑞士，采访"洛桑和平会议"。会议代表有英国、法国、意大利、希腊和土耳其的国家领导人。海明威对这些领导人进行着重的采访和报道。他对新上任的意大利领袖墨索里尼的采访和报道出乎了一般人的认识。他揭露了墨索里尼性格中的法西斯本质，他告诫大家警惕墨索里尼，认为墨索里尼是欧洲最大的骗子。

海明威在为《多伦多明星报》提供稿件时，也为《国际新闻社》等几家报社提供稿件。

1922 年 12 月，哈德莉赶来和海明威相聚。来之前，她感冒了。她带着海明威的全部手稿，兴致勃勃赶往洛桑。结果，在出租车里，她的手提箱被偷走了。海明威看到妻子悲痛的神情，只好安慰她。但那些丢失的稿子成了自己的心病。

海明威带着妻子游玩了瑞士的雪山。第二年的 2 月，他们又去了地中海的雷巴奥。在这里，他结识了一些文化名人。其中有一位波士顿诗人兼编辑爱德华·奥博瑞。奥博瑞非常欣赏海明威的才华，将海明威的《我的老头儿》补进了他编辑的 1923 年的最佳小说选中。

海明威和怀孕的妻子来到意大利北部的柯迪娜，这里阳光充足，山上白雪皑皑。海明威在旅馆里埋头写作，妻子安静地休养。

1923 年 3 月中旬，海明威又接到《多伦多明星报》的采访任务。这次分别去法国和德国采访法德在鲁尔地区的冲突事件。他暂别妻子回到了巴黎。

在法国，海明威接触了法国资深的政治家，了解到法国占领德国鲁尔的目的，迫使偿还战争赔款。结果，这场冲突事件导致了德国的经济危机，不仅达不到赔款的目的，反而引发德意志民族对法兰西的仇恨。海明威给《多伦多明星报》写了3篇文章报道了这个情况。在德国，海明威就这个问题继续采访和调查。德国通货膨胀，整个德国的民众疯长着对凡尔赛合约和战胜国法兰西的仇恨。海明威给《多伦多明星报》写了7篇文章，分析了第一次世界大战后各参战国的经济、政治和军事形势，预示了德国希特勒的世界危险性。

4月，完成任务的海明威回到了妻子的身边。这已是春天，海明威经过短暂的休整，整理好这期间写的文章返回了巴黎。

西班牙——斗牛的好地方

海明威喜欢西班牙的斗牛，他十分渴望能够亲临现场。他认为斗牛项目是一幕伟大的悲剧，是需要更大的勇气和技能的。海明威曾与朋友去过西班牙，在马德里、赛维尔、隆达等地观看了斗牛，但意犹未尽。

听说每年的7月6日，西班牙北部城市庞普罗纳都会举行斗牛大会来庆祝圣福明节，全西班牙的猛牛、勇士都云集在那里进行斗牛比赛，海明威的心早就按捺不住了。1923年7月初，海明威夫妇就到了西班牙的庞普罗纳。他们看了数日的斗牛比赛，海明威似乎过足了瘾。

以后，他又13次来到西班牙看斗牛比赛。其中有9次是专程来西班牙观看斗牛比赛的。为此他写下了《午后之死》（1932）、《危险的夏天》（1960）等与斗牛有关的作品。在他大量的文学作品中，涉及斗牛的场景很多。

海明威不仅观看斗牛比赛，有时还参加斗牛比赛。在1924年，他曾经正面进攻斗牛，抓住了牛的角，经过一番角力，最后将牛摔倒。因为共同的爱好，他与一些西班牙人成了好朋友。

在斗牛的过程中，海明威悉心体会着死亡笼罩下抗争的快乐，那就是永不言败的硬汉气势。

海明威当上了父亲

哈德莉的预产期快到了，海明威和妻子决定在多伦多待产。因为那里有可信赖的医生、护士，还有好的医疗设备。

1923 年 8 月 17 日，海明威返回巴黎 1 个月后，与妻子哈德莉乘坐轮船前往多伦多。27 日，抵达加拿大魁北克港码头。海明威夫妇又坐车抵达多伦多。

海明威决定再找一份固定的工作来维持家庭生活。因为他要当父亲了，他要担起家庭生活的重担了。因眼下只与《多伦多明星报》报社熟悉，他也如愿地得到了报社的一个职位。

在多伦多，海明威拜访了康纳尔夫妇和一些老朋友，这些人在海明威的文学起步上都有过实实在在的帮助。现在海明威又在朋友们的帮助下，租下了巴瑟斯特大街 1599 号公寓的一个套间，海明威一家在 9 月下旬搬了进去。

9 月 10 日，海明威回到《多伦多明星报》上班了。海明威一直作为报社的旅欧记者，文章又很出色，名气很大，却因此遭到了来自顶头上司的嫉贤妒能。上司分配给他的任务是到外地追踪采访逃犯。海明威为了即将出生的孩子，为了家庭的稳定收入，这个硬汉子忍下了这口气。

10 月 9 日晚上，哈德莉生了一个男婴。当时海明威正在外地采访，得到消息后，他急忙赶回家看望妻子和孩子，却因此受到了上司的一通批评。这个孩子取名为约翰·海明威，小名叫邦比。

1923 年 12 月 31 日，海明威向《多伦多明星报》递交辞呈，辞掉了每周 125 元美元的固定工作。从此，海明威开始了职业作家的生涯。

1924 年 1 月 29 日，海明威一家三口重返巴黎。

9. 步入文坛　结识文坛益友

24 岁的海明威，已是一位阅历丰富、举止稳健的人了。他有着宽宽的肩膀，红红的两颊，一双深沉明澈的棕色眼睛。他的行为做派有一种美国中西部人那热情明快的作风。他说话时生动有趣，听他人谈话时专心致志，他浑身上下洋溢着创作的激情，透射出一种坚韧不屈、笑傲困厄的英俊之气。

这个时期的海明威，可谓朋友遍天下。早在 1922 年 2 月到 1923 年 2 月期间，他结识了一些对他文学事业产生影响的作家朋友。影响最大的有埃兹拉·庞德、格特鲁德·斯泰因、西尔维亚·比奇等。他们经常和海明威一起谈论文学和艺术，一起饮酒、旅游。他们指点海明威的创作，为他引荐刊物，帮他出版新作，为他宣传出版的作品，帮他扩大影响。

海明威与埃兹拉·庞德

埃兹拉·庞德是美国诗人和文学评论家，意象派诗歌运动的重要代表人物。他和艾略特同为后期象征主义诗歌的领军人物。1885 年 10 月 30 日出生于美国，四次去欧洲，长期定居伦敦，一度成为伦敦文坛上举足轻重的人物。1921 年他从伦敦迁往巴黎，成为乔伊斯、刘易斯、福特和艾略特的亲密朋友。他与芝加哥、纽约、伦敦以及巴黎的所有先锋派杂志都有着良好的关系。当时庞德的香圣母院路的工作室与斯泰因的沙龙、西尔维亚·比奇的书店是巴黎文人聚集的中心。

1922 年 2 月，当时正在巴黎的海明威与庞德相识在西尔维亚·比奇的书店。庞德比海明威大 14 岁。经交谈得知，彼此都是全神贯注于艺术的人。

如今，海明威重返巴黎，他们又见面了。他们彼此欣赏对方的作品。海明威虔诚地拜这位文学前辈为师，庞德很赏识海明威那富有创作力的才能。庞德决定尽自己的能力帮助海明威在文坛上立足。

在香圣母院路的工作室灯光明亮，庞德认真地教导海明威写文章的技巧。庞德在欣赏海明威作品的同时，总是能找出他写作中的不足。庞德认为艺术家就要善于寻觅鲜明的细节，不做任何说明地在作品中呈现出来。作品简练到只有骨架，感染力要令人震撼。海明威在与庞德的交往中，学到了很多写作技巧的精髓。

埃兹拉·庞德

庞德把海明威引荐给众多艺术界的顶尖人物。在海明威刚刚步入文坛的那个时期，庞德对他的帮助堪称举足轻重，不仅帮助他修改文稿，而且在他面临经济困难时总是慷慨解囊，更为重要的是在名人面前推荐他的作品。1923 年春天，庞德在自己与玛格丽特·安德森主编的《小评论》上发表了海明威的第一部作品《在我们的时代里》的前六章，在庞德支持的《流放》杂志发表了他的诗《新托马斯诗歌》。海明威早期的诗歌发表在庞德的《人物简介》和《当代诗选》上。

海明威从庞德前辈那里获益匪浅，并始终充满感激之情。他在《向埃兹拉致敬》和《流动的宴会》中，大力赞扬了庞德的宽宏气魄、他的人品和他的诗。他在《流动的宴会》中写道："庞德是我最喜欢的也是我最信赖的评论家，一个主张用词必须贴切，要我放弃依赖形容词的人。"可见庞德对海明威走上文坛起到了非常重要的作用。他们的友谊一直持续着，后来海明威的声誉超过了庞德，但海明威一直关照这位师友。

海明威与格特鲁德·斯泰因

格特鲁德·斯泰因（1874—1946）出生于美国宾夕法尼亚州的一个犹太家庭，是美国小说家、诗人、剧作家、理论家和收藏家。她的作品独树一帜，标新立异，通过语言表达方式和写作技巧来增强语言的表意功能，创立了一种独特的几乎有点孩子气的写作风格。20 年代初，斯泰因就被确立了先锋派艺术家的地位，对 20 世纪西方文学产生过重要的影响。

有不少新文学作家都围绕在她的周围。她室内挂满了立体派艺术家的绘画。每天下午和晚上她的创作室都成了前卫派人士聚会的文艺沙龙，许多人都得到过这位富有的女作家的帮助。

1922 年 3 月，海明威和哈德莉带着安德森写的引荐信来到花园路 27 号斯泰因的公寓，拜访了这位在巴黎颇具名气的先锋派女作家。

海明威第一次见到斯泰因，便被她的气势所倾倒。

当时的斯泰因已 48 岁，她长得很丑、很胖，个子不高。由于她的年龄与海明威的母亲接近，所以海明威对她非常尊敬和爱戴。

格特鲁德·斯泰因

尽管她观点激进、盛气凌人，海明威在斯泰因面前还是很温驯的。

不久，斯泰因便携女伴来到海明威在卡迪娜大街那简陋的公寓进行回访。海明威把自己的一些习作拿给她看。她读后肯定了作品的别具一格，但也坦言其不足。比如情景描写多，内容需要再组织安排，等等。海明威表现出心悦诚服、认真听取意见的样子。他们的友谊发展得很快，因为摄于斯泰因的名气，海明威在很长时间里都是毕恭毕敬的样子。斯泰因视他为有很大发展前途的人。她在《芝加哥论坛报》上极力推荐海明威出版的第一部作品集《三篇故事和十首诗》（1923）。

斯泰因和海明威在一起谈论的话题也越来越广，涉及绘画、写作、时尚等方方面面。后来谈到了海明威曾从事的记者工作，斯泰因认为这个工作对他的创作没有益处，劝他辞去这份工作。海明威非常感谢她的这份忠告。不久，也就是在1923年12月海明威辞掉了《多伦多明星报》的记者工作。

1924年，海明威带着妻子和孩子重返巴黎，斯泰因非常高兴地做了海明威儿子的教母。

有一次，他们在谈话中，斯泰因提出了"迷惘的一代"的说法。斯泰因的T型福特车的点火装置出了故障，去车行修理。车行里有一个当过一年兵的小伙子修车技术不熟练，而且工作态度也不认真。斯泰因提出抗议，车行老板狠狠地批评了这个年轻人。其中说了一个结论性的话语："你们都是迷惘的一代。"

斯泰因跟海明威讲了这个经过，接着说："你们就是这样的人。你们全是这样的人，你们所有在战争中当过兵的人。你们都是迷惘的一代……你们不尊重一切，你们醉生梦死……别和我争辩，你们就是迷惘的一代，与车行老板说得一模一样。"海明威后来将这一断言放在了他的小说《太阳照常升起》的扉页上。从此，在西方文学史上，"迷惘的一代"是一个文学派别，表现了对人生、世界、社会的迷茫和彷徨。

"迷惘的一代"尽管是一个短暂的潮流，但它在美国文学史上占有一个相当的地位。它是对第一次世界大战到第二次世界大战期间出现的美国一些作家的总称。他们对美国社会发展有一种失望和不满情绪，可是他们又找不到新的生活准则。他们认为，只有现实才是真理，可现实是残酷的。于是他们只能按照自己的本能和感官行事，竭力反叛以前的理想和价值观，用叛逆思想和行为来表达他们对现实的不满。

斯泰因热心地指导海明威的创作，帮助他在巴黎文坛站稳脚跟。海明威对斯泰因非常尊敬和爱戴。在斯泰因的帮助下，海明威在写作上取得很大进步，不断创作出好作品。她提出的"迷惘的一代"，让海明威成为美国"迷惘的一代"作家中的代表人物。

海明威与斯泰因的友好关系持续了3年多，后来由于个性等方面的原因，两个人的关系走向相互攻讦。

海明威与詹姆斯·乔伊斯

在巴黎最初的那段日子里，西尔维亚·比奇小姐对海明威的帮助很大，两个人成了好朋友。

比奇在普林斯顿长大，战后来到巴黎，在文化区奥德翁路12号开了一家"莎士比亚之友"书店。早在1922年2月，海明威到她的书店借书，可带的钱不够办借书卡。正为难的时候，比奇小姐给他填了一张借书卡，并说想借多少书就借多少书。比奇为人非常豪爽，有很多文学界的朋友。她欣赏海明威的文学才能，当初海明威刚来巴黎举目无亲、经济困顿之时，比奇给予了无私的帮助。

比奇非常崇拜爱尔兰文学家詹姆斯·乔伊斯。她曾鼎力相助他的巨著

《尤利西斯》的出版。1922 年 3 月，她把海明威介绍给了这位性格古怪的先锋派文学大师。

詹姆斯·乔伊斯（1882—1941），爱尔兰作家、诗人，20 世纪最伟大的作家之一，后现代文学的奠基者之一，其作品及"意识流"思想对世界文坛影响巨大。1920 年，他定居巴黎。

乔伊斯非常喜欢比自己小几岁的海明威，他读过海明威的手稿。海明威非常敬重乔伊斯，他研究过乔伊斯的作品。海明威与乔伊斯的友谊迅速发展着。乔伊斯喜欢美食，尤其离不开美酒，海明威经常陪他共饮。在酒馆里人们常常看见他们二人的狂饮大醉。

乔伊斯教导海明威如何使作品达到简洁、直抵本质，如何运用暗示含蓄的笔法，而不要直陈其事。海明威从中学到了很多的写作技巧。在主题与结构上，他的短篇小说集《在我们的时代里》，无疑借鉴了《都柏林人》（1914）；在表现手法上，他的《有钱人和没钱人》（1936）中女主人公的独白，无疑来自《尤利西斯》中的莫莉·布鲁姆。《乞力马扎罗的雪》被一些评论家誉为意识流小说的经典，其手法也受益于乔伊斯，因为乔伊斯是公认的西方意识流小说家中最经典的大师。

海明威对于 1930 年的诺贝尔文学奖没有授予庞德和乔伊斯而内心久久不平。

海明威与福特·马多克斯·福特

海明威在庞德的引荐下，认识了福特·马多克斯·福特。

福特·马多克斯·福特（1873—1939），英国小说家、评论家、编辑。他鼓励和帮助过很多作家。比如，在 1908 年他创办的《英国评论》上率先刊登詹姆斯·乔伊斯的作品。福特对海明威很感兴趣，并真诚相助。

1924 年 1 月，他在巴黎创办了《大西洋彼岸评论》杂志。5 月，就应庞德的建议让海明威做该杂志的副主编。

海明威在《大西洋彼岸评论》杂志上，利用自己编辑身份的便利，发表了自己的很多的文章，如《印第安人营地》《大夫和大夫的妻子》《漫天风雪》等。

1925 年 1 月，《大西洋彼岸评论》被迫宣布停刊。这是因为海明威的工作失误造成的。1924 年 6 月，因创刊刚刚半年的《大西洋彼岸评论》面临资金紧张，福特离开巴黎去美国筹集资金，将杂志的工作全部委托给海明威。海明威将斯泰因的《美国人的形成》在杂志上连载。这是一部冗长无味的长篇小说，这若是连载下去，就偏离了福特的主编《大西洋彼岸评论》的方向。福特回来看到时，已经来不及撤稿，就加了一个编者按，指责了编辑的做法。

还有一次，福特的好友英国作家约瑟夫·康拉德逝世，为了纪念这位朋友，福特专为他出一期《大西洋彼岸评论》增刊。在纪念文章中，由于海明威的率直，在该刊中对当代的某文学家进行抨击，引起福特的不满。福特为挽回影响在后面的刊上写文章公开致歉，这又导致海明威的不满和愤怒。

以上不愉快的合作，导致了《大西洋彼岸评论》的停刊。两人的合作结束了，关系也终止了。

海明威对福特一直记恨着，而福特对海明威却一如既往地称赞。福特认为海明威是当时美国最优秀、最严肃、最认真的作家，认为他是少数的写作技巧

福特·马多克斯·福特

最精湛娴熟的散文作家。

福特在海明威步入文坛的关键期，大量地推出海明威的作品，为其扩大影响。即使两人因工作闹翻后，福特还继续友好地帮助他。1925年10月，海明威的普及本《在我们的时代里》在美国出版时，福特在该书的护封上与其他知名作家一起写了推荐语；1926年，福特为海明威的《太阳照常升起》写了序言。相反，海明威由于过于率直、真实，与人相处仅凭直觉，他对福特的态度一直是僵硬的，这也是他性格缺陷在交友时的显现。

但不论如何，福特在海明威的文坛发展道路上起了很大的作用。他创办的刊物发表了海明威的大量文章，让海明威在文人如织的巴黎，有了立足之地。

饿着肚子也要写作

1923年12月，海明威辞掉了《多伦多明星报》的记者工作以后，便开始专心写作。当时他没有收入，发表的作品又不多，也没有稿酬。一家三口过日子，仅靠妻子的信用基金利息。可这时，哈德莉的那笔信用基金出了问题。基金承管人把哈德莉的信用基金减少了一半，导致哈德莉几个月没有收入。当时哈德莉穿的是破旧的衣服，海明威经常饿着肚子写作。海明威时常要靠朋友的捐助生活。就是在这种情况下，海明威仍然在文学写作的道路上艰难行走，仍然在坚持不懈地写作。每天天不亮就起床，先把橡皮奶嘴和奶瓶消毒，再调配好奶粉。在等待孩子醒来的时间里，他坐在大厅的饭桌上，抓紧时间，在妻子起床前抓紧写作。妻子起床后，开始整理家务了，他通常带着纸本、铅笔和卷笔刀，走出家门。他来到一家咖啡厅，要一杯牛奶咖啡，就开始埋头写作，一写就是一个上午。每当写完并且感到满意时，他就拥有了一种独特的心境，很幸福很愉快。当写作不顺畅的时候，他会感到非常痛苦，心情也会变得暴躁。

海明威对待写作非常虔诚，也非常勤奋。他的写作计划性很强，如果当天的计划没有完成，他决不休息。

久而久之，海明威形成了固有的写作习惯。每天清晨都要写上几个小时。写作前将前一天写的文字从头到尾阅读一遍，将思绪和情绪做好预热，然后开始写作。在完成当天的写作计划时，往往在思路清晰的情况下停笔，这样保证第二天的写作顺利。

10. 文坛上的新星

海明威很早就开始了文学训练，在中学时代就开始了创作，记者生涯让他的阅历丰富，让他的文笔得以磨砺。

在巴黎的日子里，幸运的他，得到了当时著名小说家的指点和鼓励，特别是乔伊斯、斯泰因、庞德的言传身教对他的帮助非常大，这无疑推动了海明威的创作热情。

海明威善于向文坛前辈学习，乐于接受名家的指点。大师们的杰作，海明威都如饥似渴地阅读，从中学习写作的核心技巧。马克·吐温、斯蒂芬·克莱恩、安德森、康拉德、亨利·詹姆斯、托尔斯泰、屠格涅夫、契诃夫等人的作品都是他的最爱。

一本好书，海明威总是喜欢反复研读认真体味，从中学习借鉴那些最好的东西。他天性简洁，对语言表达要求简洁明晰，因此他喜欢福楼拜、莫泊桑、屠格涅夫、契诃夫的文风。他个性鲜明，善于从这些名作家作品中发掘那些最有个性特质的东西，吸收为己所用。他研究托尔斯泰的作品，就是学习作者的写作技巧，把景、物、人、事描写得栩栩如生，写得如此真切传奇。

海明威以其天赋与勤奋，很快成为一名职业作家。他发表的作品极具个性的文学理念和文体风格。

1922年5月，海明威在新奥尔良的文学杂志《口是心非》上第一次公开发表作品。他发表的是一篇讽刺性预言《神奇的姿势》。

1923年，在众多朋友的帮助下，海明威的作品开始越来越多地见诸报纸杂志。由于庞德的力荐，《诗刊》杂志于1月发表了他的6首诗，《小评论》于3月发表了他的6篇速写。最令他兴奋的是在1923年2月去地中海的雷巴奥旅游时，遇到了波士顿诗人兼编辑爱德华·奥博瑞。诗人将他的《我的老头儿》补进了《1923年的最佳小说选》。这件事让他受到很大的鼓舞，因为他第一次清楚地意识到了自己的潜力所在。

8月，在朋友的帮助下，海明威的《三篇小说和十首诗》在康迪特出版公司出版了。这是一个只有58页的小册子，是海明威的第一本书。他当时的喜悦之情难以言表。书中的3篇小说分别是《不合时宜》《我的老头儿》《在密歇根的日子》。

1924年初，海明威重返巴黎以后，他的第二本书《在我们的时代里》由巴黎三山出版公司出版。这本书仅有38页，是海明威亲历战争的速写集。该书出版后，博得了著名文学评论家爱德蒙·威尔逊的撰文评论。他说海明威有很高的独创精神，表达了人物深沉的感情和复杂的心理状态。慢慢地，海明威的文学威望树立起来了。

从1924年到1925年，海明威持续在《小评论》《季度》《大西洋彼岸评论》上发表文章，还在德国法兰克福的一家文学杂志《过渡》上发表一些诗歌。

海明威的第三本书于1925年10月由利夫莱特出版社出版。书名与前期出版的速写集同名，也叫《在我们的时代里》。内容在原书基础上新增了海明威这些年写的15个短篇小说。在这本书上，海明威首次得到了稿酬。

《在我们的时代里》出版后，得到了许多英、美知名作家和评论家的肯定和高度评价。劳伦斯、泰特、威尔逊等从海明威作品中的文体文风、叙事技巧、主旨意向、人物形象塑造等方面看到了一种潜在的巨大的创作力量，看到了一种别样的勃勃生机。他们对这本书的赞誉让海明威在文坛上站稳了脚跟，成为一名作家。

《太阳照常升起》

1925年7月，海明威在西班牙观看斗牛比赛，其中的斗牛情节和发生在身边的一些事情促使海明威写作《太阳照常升起》。7月21日是海明威26岁生日，这一天他在西班牙瓦伦西亚开始动笔，后来继续在马德里和亨代尔写作。9月21日，海明威在巴黎完成了该书的初稿。此后的6个月中，他对初稿进行了仔细的修改。

其间，海明威还完成了两个短篇小说《十个印第安人》和《五万美元》。在11月下旬，海明威用一周时间完成了小说《春潮》。

《春潮》是一部讽刺他的师友安德森的小说。安德森是海明威遇到的第一个有成就的作家。他对海明威的帮助很大，被某些评论家说成是海明威的老师。海明威对此很反感。再则，安德森是博奈和利夫莱特出版社的作家，他运用自己的影响介绍海明威出版了《我们的时代里》。根据合同规定，博奈和利夫莱特出版社对海明威此后的3部书稿拥有优先出版的权利，如果社方拒绝出版作者的任何一本书，即取消出版优先权。海明威意识到了《太阳照常升起》的价值，他想找更好的出版社。所以他用《春潮》一书来难为博奈和利夫莱特出版社，因为他们不可能接受出版《春潮》。

海明威因此获得了出版的自由选择权。海明威的这个做法，妻子哈德莉很不赞成，安德森很清楚海明威的做法，那就是海明威要在这个领域里独占鳌头。尽管这样，这位老作家还是很大度地与海明威保持着友谊。

1926年2月3日，海明威赴纽约与斯克里布纳出版社签订了两本书的出版合同，海明威得到15%的版税和1500美元的预付稿酬。

1926年10月，《太阳照常升起》小说出版后，海明威立即名声大振，成为英美文学界的一颗耀眼的明星。

《太阳照常升起》这部小说是海明威自己生活道路和世界观的真实表露。描写的是一群玩世不恭的青年，但他们的道德标准和是非界限却泾渭分明。巴恩斯、戈登、罗梅罗等体现了正面、精神向上的生活逻辑，勃莱特、坎贝尔、科恩来体现了3个变态的人物形象，通过他们之间的关系和人生价值观，展示了20世纪20年代初战后一代青年的精神面貌。

在《太阳照常升起》中的扉页上，这样写着：

一代人过去了，另一代人则继往开来；地球永远存在，太阳照样升起，太阳落山，又匆匆忙忙地赶到它升起的地方……

这段话具有哲理性，对全书主题起到了揭示的作用，表明了海明威对事物的独特的看法。

小说出版发行两个月后，该书的销售量已达到7000册。新年后，该书又成为人们争相传阅的好书。第二版第三版接连印刷，又很快销售一空。人们对该书的评价很高，评论界也是一片叫好声。《太阳照常升起》产生的影响，其范围超出了巴黎和美国。海明威在不知不觉中已被公推为"迷惘的一代"的代言人，成了20世纪20年代西方文坛的一个流派的魁首。

在以后的近10年的时间里，海明威出版了许多作品，在当时引起了很大关注。

海明威在文坛上崭露头角，而他的家庭却陷入了危机。他的第一次婚姻解体了。

第一次婚变与第二次婚姻

1920 年，海明威去芝加哥找工作时，认识了哈德莉·理查森。哈德莉家境优越，是密苏里州的圣路易斯人，比海明威大 8 岁，但脑腆单纯，遇事犹豫，不及海明威有主见。所以她的个性容易在海明威的爱情攻势里沦陷，也会在后来感情出现危机时妥协无助。1921 年 9 月，海明威和哈德莉结婚。婚后，海明威辞职，靠哈德莉所获遗产的信托利息生活。哈德莉作为海明威的第一位妻子，为这名还没有取得成功的作家提供物质和精神的支持和鼓励，她是一位优秀的女性，给予丈夫最大的信任和帮助。

随着海明威的作品与名声日盛，他们的感情遇到越来越多的考验。他们结婚后，不可避免地面对着甜蜜之外的困窘，一次一次的危机开始出现：海明威的全部手稿丢失、孩子出生时的经济压力、名声渐起后身边越来越多的漂亮女人，这些危机都促使海明威与哈德莉婚姻走向破裂。

1925 年 7 月 21 日，欧内斯特·海明威，一个在巴黎过着清苦日子的青年，在他 26 岁的生日这一天，开始写他的第一部长篇小说《太阳照常升起》。8 个星期后，小说完成。这个秋天，一个大海明威 4 岁的时尚杂志女编辑保琳·帕发弗，走进了他的生活。和往年一样，哈德莉全家去奥地利滑雪场度假、过冬。娇小玲珑、黑头发、黑眼睛的保琳也来到此地滑雪，有意地来到他们的家庭中间。

保琳 1895 年出生在依阿华

海明威和第二任妻子保琳·帕发弗

州的帕克斯堡，她毕业于密苏里大学新闻学院，当过几家报业的记者。20年代初与妹妹结伴来巴黎寻求发展，在《法国时装》杂志做编辑工作。保琳了解美国出版行当，她建议海明威将小说交给斯克里布纳出版社出版，海明威遵从了。这是第一次，海明威没有听从妻子哈德莉的意思。

1926年2月，海明威决定去纽约跟斯克里布纳出版社商谈出版事宜。依照多年之后海明威的说法，他回到巴黎后，应坐第一班火车去奥地利与哈德莉会面。但他爱的那位姑娘正在巴黎，"因此我没有乘第一班火车，也没有乘第二班、第三班"。这时的海明威在与保琳幽会。

1926年春天，哈德莉知道了海明威与保琳的私情。她强忍着内心的痛苦和保琳的公开挑明，希望他们的暧昧关系能够终止。但是，哈德莉对他们的忍让并没有换来完整的家庭。与此同时，海明威将《太阳照常升起》改出了一个哀伤悠远的结尾。

1926年8月初，哈德莉提出分居；10月，《太阳照常升起》出版，11月，哈德莉下定决心要求离婚。1927年1月27日，海明威与哈德莉离婚，孩子跟着哈德莉离开了海明威。海明威对哈德莉有着深深的内疚，在给哈德莉搬运家具时，他流下了止不住的泪。他决定将《太阳照常升起》的全部版税交给哈德莉母子。多年后，海明威回顾他的第一次婚姻，觉得那是最美好的。

同年5月10日，海明威与保琳在圣·奥诺雷教堂举行了婚礼。10月，海明威的第二个短篇小说集《没有女人的男人》出版了，收入了14个短篇小说，包含《五万美元》《不可战胜的人》等，内容涉及了斗牛、战争、精神病等诸多方面。小说集出版后6个月，取得了卖出1.9万册的佳绩。海明威的名气大了起来，他沉下心又在构思一部长篇小说。

1927年年底，保琳怀孕了。1928年3月中旬，海明威夫妇启程归国。

11. 十年创作 铸就经典

回到美国

经过 18 天的海上航行，1928 年 4 月上旬，海明威夫妇到达哈瓦那，接着又乘船到达了基韦斯特。

基韦斯特是美国最南边的一个小镇，在佛罗里达群岛西南端的小珊瑚岛上。1922 年美国从西班牙购得，随后有佛罗里达、古巴、巴哈马等地移民来此定居，这里逐渐发展起来，颇具异国情调。

海明威夫妇在岛上住了一个半月。海明威很快便和岛上的一些人结成了朋友。布拉·桑德斯船长是一个深谙水性的捕鱼能手，他教会了海明威在深海区捕鱼。酒吧老板乔·拉塞尔成为海明威的钓鱼伙伴。在海明威《有钱人和没钱人》（1937）一书中他是哈里·摩根的原型。吉姆·沙利文是爱尔兰人，他来自纽约，是一个中年人，个子高大，身体结实，经营一个修理船只的工厂。汤普森是海明威在基韦斯特最亲密的朋友，他年长海明威 1 岁。在镇上，汤普森开一个钓鱼用具商店、一个船具商店和一个五金商店。他还组建了一个渔船队。共同的爱好让海明威与他很快成为知交。海明威一边和这些新朋友们游玩，一边写作。他给自己规定了严格的作息时间，每天上午写作 3 到 4 个小时，下午与朋友们外出钓鱼。

6 月，海明威夫妇抵达堪萨斯，住在印第安路一间大房子里。保琳养胎待产，海明威开始创作长篇小说。6 月 27 日，保琳被送往医院，产子时一度有难产的征兆，后来实施了剖宫产手术。

12 月 6 日，海明威接到了由斯克里布纳出版社转来的电报，得知父亲去世的噩耗。海明威连忙赶往奥克帕克。

父亲埃德由于经营房地产生意亏本，加上身体状况不佳，用手枪自杀了。看着父亲的遗体，海明威非常内疚。此前，他给父亲写信，劝慰父亲，并答应从出版社提前支付稿费帮父亲还债，可是信件在父亲离世后才寄到。父亲已经看不到海明威的一片孝心了。

安排好父亲的葬礼后，海明威着手解决父亲遗留下来的债务。他支付了 600 美元的欠税。对于母亲今后的生活，他答应每月给母亲 100 美元生活费，再为母亲购买信托基金。母亲心中很是感激。后来，海明威用 5 万美元为母亲建立了一笔信托基金，保证了母亲晚年生活。

12 月中旬，海明威返回基韦斯特，开始修改那部 600 页的长篇小说《永别了，武器》。海明威写出了这样的结尾：妻子难产而死，丈夫独自离去，其场景催人泪下。虽然在海明威的现实生活中，保琳并没有死去。

《永别了，武器》——现代派作品的顶峰

斯克里布纳出版社以 1.6 万美元的价格买断了《永别了，武器》的版权。他们先在其杂志上连载书稿内容，后于 1929 年 9 月 27 日正式出版。

《永别了，武器》讲述的是美国青年弗瑞德里克·亨利参加第一次世界大战的故事。亨利天真单纯，满怀爱国热情，在第一次世界大战后期志愿参加了红十字会。在战场上，他驾驶救护车，在意大利北部战线抢救伤员。一次偶然的机会，他与美丽的英国籍护士凯瑟琳相识。虽然两人彼此爱慕，但在战场上，生命不保，谁也没有心思去谈恋爱。在一次执行任务时，亨利被炮弹击中受伤，在米兰医院养伤期间得到了凯瑟琳的悉心护理，两人陷入热恋。亨利伤愈后重返前线，在随意大利部队撤退时，目睹了战争造成的一幕幕残败的景象，看到了人间的种种苦难。他毅然脱离部队，

和凯瑟琳度过了一段甜蜜的日子。他厌恶战争，不愿回忆战争。不久，地方治安部门发现他是一个"逃兵"，决定逮捕他。他与妻子连夜乘船逃往和平之地瑞士。不久，妻子临产。他们逃脱了警察的追捕，却没能逃出命运的悲苦。妻子难产死了，亨利的世界坍塌了，他在雨夜中走向不可知的世界。

《永别了，武器》是以海明威的亲身经历创作的小说，体现了他的创作要有真实的主张。该书出版后，两周售出3万册，发行量登上排行榜。1年后，据此改编的同名话剧在纽约国家剧院上演。以后又被多次拍成电影，海明威从此名扬四海。《永别了，武器》成为当时现代派作品的顶峰之作。

打猎，寄情于山谷

1930年8月，海明威听说在爱德西普森牧场有大黑熊出没。海明威约上朋友帕索斯一起前行。海明威骑着马带着望远镜、猎枪、雨衣、钓鱼用具和一盒午餐来到牧场。海明威将马肉制作的诱饵放在黑熊经常出没的地方，然后耐心地等着。第二天，他看到了一只黑熊在吃马肉，海明威用儿时练就的本领，只一枪就将黑熊打翻在地。几天后，海明威又打死了一只黑熊。9月，海明威又和朋友们一起开始了两周的深山狩猎，这次，他的收获是一只山羊和一只麋鹿。

10月中旬，在一次狩猎归来的路上，海明威驾车时，由于道路狭窄，加上是夜间，对面来车灯光太强，海明威的车躲闪不及翻进路边的深沟。海明威的右手肘骨多处骨折，他不得不接受手术治疗。坚强的海明威为了能早日写作，每日将手臂放在灯火上烤。这期间，他的脾气也越来越大，多疑和神经质让来看他的朋友们屡受委屈。

海明威打猎的兴趣极其浓厚，为此他经常受伤。这个坚强的硬汉子，即使刚缝好伤口，也马上投入狩猎活动中。在他的身上有一种征服的欲望和好胜的心态，这是海明威的一种生活态度。犹如他的写作态度一样，按照自己的观点勇往直前。

《午后之死》与暴怒的海明威

1931 年 11 月，保琳为海明威生下第二个孩子，又是一个男孩，取名为格瑞戈里。12 月，海明威一家喜迁新居，这是海明威第一次拥有自己的房子。房子位于基韦斯特白头街 907 号。这里原来是一座古老的宅邸，经过海明威的修缮，变成了一座有着西班牙风格的二层洋房。

1932 年 1 月中旬，海明威完成了长篇小说《午后之死》。该书于 9 月 23 日于斯克里布纳出版社出版。

这是一本关于斗牛的长篇小说。小说对西班牙斗牛这项运动做了详尽的描写，包括斗牛的词汇表和斗牛的年历。但这本书的意义远远超越了斗牛的这项运动本身，它体现了人生的最大乐趣就是感受在死亡笼罩下产生的对死亡的反抗，体现了海明威生命哲学的思想，表达了他对人类、社会、生命、疾病、勇气、战争、死亡的理解。

海明威在《午后之死》中第一次提出了文学创作的"冰山"原则。他认为冰山运动之所以气势磅礴、动人心魄、雄伟壮观，是因为它只有八分之一在水面上。用简洁的文字塑造出鲜明的形象，将自己充沛的情感和深刻的思想藏在形象中，让读者通过这鲜明的形象去感受和发掘作品的思想意义。"冰山原则"成为海明威创作的基本风格。

《午后之死》出版后，首次印制 1 万多册，发行后引起了很大的反响，各种批评的声音接踵而来。

自从 1926 年，海明威发表《太阳照常升起》以来，海明威一路走来顺风顺水，听到的都是赞扬的声音，并很快占据了作家中的重要地位。现在的他很难接受评论界的批评，他的回敬，除了像"公牛"一样咆哮外，就是靠拳头来发泄自己的愤怒。

1933 年 6 月，海明威的老朋友马克斯·伊斯曼在《新共和》杂志上发表文章，说海明威在《午后之死》中对猛牛的残暴本性的描写，是对自己是否功能健全缺乏信心。文章对海明威进行了精神分析，也有一些对海明威的人身的攻击，这让海明威无比仇视。4 年过去了，海明威一直耿耿于怀。在 1937 年 8 月，海明威和伊斯曼在纽约斯克里布纳出版社珀金斯办公室相遇，两人一言不合就发生了动手的一幕。《纽约时报》《邮报》等对此事进行了报道。

非洲之行与《非洲的青山》

海明威要到东非去打猎，这曾在他的《太阳照常升起》一书中就表达了这个愿望。

1933 年 8 月，海明威夫妇动身了，经过一番旅程，经由哈瓦那、西班牙到了巴黎，这时已是冬季了。

这年 10 月，海明威的第三个短篇小说集《胜者无所得》出版了，收入海明威 1932—1933 年写的 14 个短篇小说。这为旅程增添了很多的喜悦。

12 月 8 日，他们终于在肯尼亚港口城市蒙巴萨上岸，而后乘火车抵达肯尼亚首都内罗毕。他们找到了一个白人猎手菲利普·珀西瓦尔。这位猎手曾陪过丘吉尔和罗斯福打猎。他们一同前往距离此地 20 英里（1 英里 =1.609 千米）以外的马查科斯农场。后来又进入坦喀尼喀的赛伦盖蒂平原，这里是野生动物经常出没的地方。不远处就是乞力马扎罗山。

海明威的战利品——非洲狮子

海明威的兴致很高，他们支好帐篷，开始了两周的狩猎活动。几天下来，他们打了很多的羚羊、野鸡等。

一天，一头雄狮正在觅食，被海明威一枪击中脖子。看到这只曾经英武威严的雄狮躺在地上微微抽搐，海明威有一种胜利者的自豪感。但同时他的内心暗涌一种悲怆。这只雄狮也曾是动物王国的胜利者，有关胜利者的思辨在作家的脑中盘桓。

晚上，他们围着篝火，谈论白天的打猎经验。海明威最爱谈论的是人的勇敢和尊严。他认为勇气便是人的尊严，面对危难，要勇敢地冲过去，即使死了，也是自己一生中乐于追求的事。

海明威在非洲停留了近两个半月，共打死了 3 头狮子、1 头野牛，还有 27 种其他动物。其间，海明威患上了阿米巴痢疾，在乘飞机赶往内罗毕途中，他看到了非洲最高的乞力马扎罗山的全貌。后来，他写就了小说《乞力马扎罗的雪》。1934 年 3 月 27 日，海明威夫妇乘船返美。

这次非洲之行后，海明威创作了纪实性质的小说《非洲的青山》。书中他描绘了非洲大陆的风物，对狩猎过程进行了叙述。

1935 年年初，海明威与珀金斯谈妥了《非洲的青山》一书的出版事宜。斯克里布纳出版社付给海明威 5000 美元稿酬。出版社将《非洲的青山》在杂志上连载后，于 10 月出版了单行本。

《非洲的青山》与《午后之死》相比，缺少了文化的内涵，自然遭到一些评论家的批评。他的好友、一向支持他的爱德蒙·威尔逊也批评了这部作品，认为很糟糕。

海明威对待评论家们的批评从来就没有接受的态度，他只能接受肯定和赞扬。他的好胜和易妒，表现在对待师友的态度上，只要是他们的名声对自己构成威胁，不管这个人对自己有过什么帮助和恩赐，他采取的应对办法就是攻讦战；再则就是争吵和拳脚交加；实在找不出对方的毛病，就是遗忘。被他赞叹的作家，数量少之又少。

海明威对自己的这部作品，后来倒有一个客观的认识。接下来的作品《乞力马扎罗的雪》和《弗朗西斯·麦康伯短暂的幸福生活》也是以非洲狩猎为题材的短篇小说，却赢得了评论界的一致好评。

《乞力马扎罗的雪》

1936 年秋，海明威完成了短篇小说《乞力马扎罗的雪》。小说讲述了作家哈里去非洲狩猎染上坏疽病后发生的故事。它是一篇讨论死亡的作品。哈里在打猎时腿部划伤了，且伤势很重，他在等待一架飞机接他去内罗毕医院治疗。在等待中，他对自己的过去开始了回忆和反省。

哈里本是一个正直的青年，他受当局的宣传参加了第一次世界大战。后来发觉这不是保卫世界和平的战争，所以他当了逃兵，住在巴黎。他曾有过美好的爱情和很好的写作成果，但残酷的现实社会让他走上了一条精神上自我毁灭的道路。他整日碌碌无为，放荡不羁。为了金钱，他可以做伤天害理的事情。他与妻子都是相互利用的关系，他看中的是妻子海伦的富有，而海伦则看上他是名作家，以填充自己空虚的精神生活。哈里过了一段寄生式的生活后，他再写不出东西来了。这次到非洲狩猎，他希望自己重新振作精神，坚定自己写作的意志。而此刻的哈里，腿部伤口恶化，他焦急地等待救援。

哈里对死亡始终有好奇心，当死亡真正临近了，他的好奇心却烟消云散。他想写自己与女人的经历，想写自己职业的经历，还想写许多东西。可这些没来得及写，死亡就不可抗拒地来了。他悔恨至极，抗拒着精神与肉体一起死去。死神压迫他的胸口无法呼吸，他幻觉中的飞机来了，他感觉自己被抬上飞机，向非洲最高山峰乞力马扎罗飞去。整个山峰展现在他的面前，世界宽广无垠。他死了。

小说围绕"死亡"和"即将死亡"来写一个作家临近死亡时的终极心态。主人公哈里在某种程度上是海明威自我的精神画像，表现出作者客观对待死亡的态度和对死亡由恐惧到平静的心理历程。整篇小说由人物对话建构而成，风格简约到了极致。

《弗朗西斯·麦康伯短暂的幸福生活》

1936年，海明威还完成了小说《弗朗西斯·麦康伯短暂的幸福生活》。作品围绕美国夫妇弗朗西斯·麦康伯和妻子玛戈特同职业猎手威尔逊在非洲的两次打猎活动而展开。麦康伯是一个腰缠万贯的花花公子，妻子玛戈特貌美如花，在人们的眼里被认为是一对幸福的夫妻。在第一天的打猎过程中，胆小的麦康伯被受伤狮子攻击吓得仓皇而逃。为此，他遭到了妻子的恶意嘲讽和威尔逊的鄙视。当夜，妻子便明目张胆地钻进了威尔逊的帐篷。麦康伯的尊严受到最严重的挑战，他陷入极度的痛苦之中。在接下来的打猎中，他一反常态，挣脱了困扰已久的恐惧，在威尔逊的配合下连续打倒了3头野水牛。麦康伯快乐的狩猎生涯开始了。

妻子玛戈特无比惊讶。这时又一头野水牛被麦康伯击伤逃进草丛，麦康伯勇敢地追击。野水牛折过身朝他冲来，麦康伯毫无惧色，他把枪抵住牛鼻子扣动了扳机。牛倒下了，麦康伯也倒下了。玛戈特从背后向他开了一枪，正中他的头颅，年轻的他死了。麦康伯短暂的快乐生活结束了。

妻子玛戈特打死自己的丈夫这个结局令人难以理解，细细想想似乎也不难理解。可以理解玛戈特的那发子弹打偏了，打的是野牛，保护的是丈夫。也可以理解为妻子害怕丈夫恢复了男子气概，意味着自己失去了对丈夫的控制。不管怎样，麦康伯短暂的幸福生活葬送在她的手上。

《弗朗西斯·麦康伯短暂的幸福生活》是海明威优秀的短篇小说之一，在叙事上达到了炉火纯青的程度。小说的女主人公玛戈特一直以来都是评论界争论的焦点，基于她的放荡不羁和她将丈夫一枪打死这个事实，许多评论家将她界定为邪恶的"谋杀者""真正的恶棍"和"最无耻的女人"。小说中的麦康伯被屈辱唤醒的勇气体现了海明威走出情感的苦闷和创作低迷，迎来创作的新高峰。

钓鱼，到深海去

1934年4月初，海明威订购了3300美元的一艘船用来深海捕鱼。5月，海明威为这艘船命名为"比拉尔号"。他聘请了格雷戈里做"比拉尔号"的大副。格雷戈里是海明威《老人与海》一书中圣地亚哥的原型。

海明威自1933年秋就开始为《绅士》杂志撰写专栏文章。主要是写生活类和写作方面的文章。这家杂志总是预付稿酬，海明威购置船的钱就是这家杂志预付的高额稿酬。

海明威和朋友们经常出海钓鱼，他渐渐了解了一些鱼的习性。7月的一次出海，他钓到了大马林鱼，他非常兴奋。还有一次他看到了一群巨鲸，有20多头。巨鲸们在大海中大摇大摆地游着，其中一头巨鲸喷水，把船的甲板弄得全是水。他们将鱼叉击到巨鲸身上，巨鲸毫无知觉。这次经历让海明威既兴奋又紧张，印象极其深刻。人在巨鲸面前，显得是那样的渺小。很长时间，海明威的思绪都停留在那个画面中。

1935年年初，海明威与斯克里布纳出版社的珀金斯谈妥了《非洲的青山》一书的出版事宜后，就与朋友一行人驾船奔赴比米尼岛去钓金枪鱼。

来比米尼岛钓鱼度假的人很多。海明威和朋友开始钓鱼时不太顺利。傍晚时，海明威钓着一条大金枪鱼。他与鱼周旋了很长时间以后，才将金枪鱼慢慢拉出水面。当他用大鱼叉刺时，未中。大鱼又潜到海里，海明威紧紧抓住钓竿。天色已晚，而且大雨即将来临。周围的小船都赶回了港湾。海明威有些着急，就在此时，几头大鲨鱼出现在大金枪鱼的周围，刹那间海水一片血红。当海明威将大金枪鱼拖上来之后，只剩下鱼头和鱼骨架了。

5月20日，海明威钓到了一头大鲨鱼。这次他与鱼周旋了半个小时，终于捕获成功。鲨鱼在船舱里不停地挣扎。它比金枪鱼和马林鱼大，重达785磅，只差12磅就可赶上当时捕鱼的世界纪录。

在比米尼岛期间，海明威的生活除了钓鱼就是拳击。船需要维修时，他就设坛搞拳击赛。天气越来越热了，加上他的船总有故障，8月14日，海明威只好起航回家了。

海明威一家在码头

10月，海明威的《非洲的青山》出版了，评论界对此书发出了不同的声音。海明威为了远离这些评论的困扰，于1936年2月，他和朋友来到古巴的海上钓鱼。7月，他们又奔向比米尼岛深海海域去钓鱼。这次海明威捕获了一条重514磅长11.5英尺（1英尺=0.3048

米）的金枪鱼。为了这条大鱼，海明威用了7个小时才结束整个过程。这真是一场力量的较量和意志的拼搏。

对于海明威来说，钓鱼和打猎是摆脱写作进展不顺或思绪混乱时的一种做法。在大自然中，大海一望无边，森林奥秘无穷，放下压力，探究自然是海明威汲取智慧和能量的一种修炼方式。在这里，他体验着博弈的智慧和较量的耐性。这些感受对他的创作意义重大，况且这些实践都体现在海明威的作品中。

12. 西班牙之行

1936年7月，西班牙内战爆发。内战爆发的主要原因是西班牙国内的种种社会矛盾导致的。有政府改革的失败，还有旧势力军人和宗教人士的不满情绪引发的长期武装斗争。最后在右翼军人的策划下引发了内战。

西班牙内战是以弗朗西斯科·佛朗哥为首的西班牙国民军、长枪党等右翼法西斯军人集团对西班牙刚刚成立不久的共和政府发动的叛乱开始的。佛朗哥国民军有纳粹德国、意大利王国和葡萄牙的支持。反法西斯人民阵线和共和政府有苏联和墨西哥的援助。这场内战震惊了整个世界，世界上各个国家都关注着局势的发展。

世界上各国共产党、工人党和一切进步势力，本着国际主义精神，在物质和道义上给予西班牙政府以积极支持，并组成国际纵队，奔赴西班牙战场与民主力量并肩作战。

北美报业联合会总经理约翰·维勒致函邀请海明威赴西班牙进行战地采访，海明威立即复函答应。

海明威依据他多年的记者生涯经验，从一开始就明白这场战争是一次反法西斯战争，而且它是第二次世界大战的一个前奏。

12 月，海明威出行西班牙之前，为两个志愿到西班牙帮助共和政府作战的人筹备旅费，并捐款 1500 美元资助西班牙民主派政府购置救护车。

与玛莎相识

一天，海明威在醉乔酒吧与乔·拉塞尔聊天，遇到了来此地旅游的玛莎·盖尔霍恩。

玛莎于 1908 年出生在圣路易斯一个殷实之家。父亲是奥地利人，是华盛顿大学医学院的教授，母亲是倡导社会改革和妇女参政的领袖人物。玛莎在大学期间是学新闻的，曾在巴黎的《法国时装》杂志工作过一段时间。她出版了两部小说，是一个小有名气的作家。不久前，玛莎的父亲病故了，她陪着母亲和弟弟来此旅行。

勃勃英姿的玛莎，让海明威为之一振。他走上前去，向玛莎做了自我介绍。

海明威与玛莎一家很快就成了朋友，他自告奋勇地带着他们到各个地方参观，还邀请他们到自己家里做客。玛莎的母亲和弟弟先后离开本地，玛莎自己却留下了。

海明威喜欢上了玛莎，几乎每天都陪着玛莎散步、游泳和喝酒。玛莎喜欢海明威主要是因为他是著名作家，她希望海明威在文学上能帮助自己迅速成为一个名作家。她珍惜和海明威在一起的任何机会，她甚至在海明威的家中住了一段时间。

保琳面对这身材颀长、金发碧眼、时髦性感的女子，感到了巨大的威胁。1937 年 1 月下旬，玛莎要离开这里了。她的行程是先乘汽车到迈阿密，然后再返回圣路易斯。她刚一离开，海明威也借故去纽约，离家而去。原来他们是在迈阿密相会。

几天之后，保琳收到了玛莎从圣路易斯寄来的信。在信中，玛莎感谢保琳和海明威给予自己的盛情款待，并告诉保琳，海明威和自己在迈阿密一起吃牛排、看书。自己对海明威的作品极为崇敬，认为海明威是一位非常可爱的人，等等。

保琳意识到哈德莉的悲剧在自己身上重演了。之前，海明威就与年轻而富有激情的大美人简·梅森约会。简·梅森苗条可爱，很能喝酒，热情开朗，还是一个运动员。他们经常开着跑车兜风，一起体验激情。为了抢回丈夫，保琳以自身的沉默和忍耐保住了婚姻和家庭。如今，她眼前的情形更糟了。保琳看着两个亲生的儿子，内心非常痛苦。

玛莎富有政治热情，也具有反法西斯精神，她以《柯里尔》杂志记者身份要前往马德里奔赴欧洲战场。海明威与玛莎在筹划着西班牙之行。海明威另立账户领取了斯克里布纳出版社支付的稿费，用于他们前往西班牙的费用。在纽约，海明威又与

海明威与玛莎·盖尔霍恩相识

北美报业联合会总经理约翰·维勒签下合同，每篇电讯报道 500 美元，每篇邮寄报道 1000 美元。

《西班牙大地》纪录片

1937年2月下旬，海明威不顾保琳的强烈反对，与朋友们一起搭乘"巴黎号"海轮前往欧洲。

海明威在巴黎停留了十余天后，于3月16日，乘坐法航航班直飞巴塞罗那。而后由此转往瓦伦西亚，再坐车抵达马德里。

在这里，海明威结识了参加马德里保卫战的德国共产党人汉斯·卡尔。22日，他与玛莎在马德里会面，住在了格兰维亚的佛罗里达旅馆。

佛罗里达旅馆是外国记者的总部，海明威在此很快便结识了许多朋友。如法国小说家安德烈·马尔罗，法国诗人帕布诺·聂鲁达，《纽约时报》的赫伯特·马修斯，《伦敦快报》的谢夫顿·德尔默等。海明威还经常出入俄国记者聚居的盖洛德旅店，海明威结识了苏联《真理报》记者米海依尔·科尔特佐夫和苏联作家伊利亚·爱伦堡。海明威经常去马德里北部的战场实地采访，也经常去国际纵队各旅。他与各旅的首脑人物建立了友好的关系。

这次战争首次出现飞机对坦克的轰炸和第一次对不设防城市的大规模轰炸。佛朗哥部队经常用重炮轰击马德里，海明威所住的旅馆玻璃经常被震碎。一次，一块弹片飞进了房间，击碎了穿衣镜，好在没有伤到人。在阵地前沿，他有时会持机关枪向对方阵地打上一阵子。看着尘土飞扬，闻着弹药的硝烟气味，他很兴奋。他总是将此时的心境和当年在意大利前线的情形进行比较。海明威高兴地经受着炮火的考验。

4月，海明威在完成采访工作之外，还有幸参与拍摄了电影文献纪录片《西班牙大地》。该片讲述了西班牙内战的整个战况，展现了内战带给贫苦农民的灾难。该片的导演是荷兰人约里恩·伊文斯，他与担任西班牙语翻译的帕索斯等人已经拍摄了的前几集。因帕索斯有其他的事情，帕索斯推荐海明威参与这项工作。

伊文斯与海明威相识在1937年，在巴黎的一家咖啡馆。当时海明威已是国际知名作家和富有经验的记者了。伊文斯很敬重海明威，他还读过海明威的《午后之死》和《永别了，武器》法译本。

海明威满怀热情地投入了这项工作，由于资金有限，海明威为此片的制作费付了3000多美元。

在战地制作电影并不是一件容易的事。跟在共和派军队的坦克和步兵后面，飞扬的尘土给拍摄带来了极大的难度。海明威肩扛手提沉重的摄像器材，忘我地工作。制作人员在天寒地冻的天气里早出晚归。几天下来，海明威和大家疲惫不堪，随时都可能睡去。

1937年5月9日，海明威回到了巴黎。他应邀到英美新闻俱乐部和西尔维娅·比奇小姐的"莎士比亚书店"做了战地报告。这次活动，海明威与比奇小姐结下了友谊。5月18日，海明威回到纽约，应伊文斯之邀，完成了为《西班牙大地》配写并配音解说词。之后，他带着妻子保琳和孩子去比米尼岛休假。6月2日，伊文斯来电，说罗斯福和夫人在7月要观看他们拍摄的《西班牙大地》，让他做些准备。6月4日，海明威从比米尼岛乘飞机到纽约，参加第二届全国作家代表大会。海明威受到了与会者的热烈欢迎，被尊称为著名的小说家。在会上，海明威阐述了自己的创作原则，那就是"如何写得真实和有了真实的材料后如何写出来使读者感觉到是他自己生活经验的一部分"。

7月8日，海明威从基韦斯特飞往华盛顿，与玛莎、伊文斯一起为罗斯福总统放映《西班牙大地》影片。两天后，海明威又与伊文斯飞往洛杉矶，在好莱坞放映这部影片，为西班牙民主政府筹集资金购买救护车。放映前，海明威告诉大家，由于拍摄器材和拍摄条件的限制，影片很难把西班牙人民在战争中遭受的苦难全部重现出来，战场上的惨状更甚。他提及自己在第一次世界大战期间在意大利前线被炸伤的切身感受，表达了一个伤员对救护车的渴望。海明威的演讲感动了到场的每一个人，实地拍摄的战争场面加上海明威的激情配音，感染力极强。因此，募捐工作进行得非常顺利，他们得到近2万美元的募捐款，够买20多辆救护车。

8月11日，海明威再次奔赴西班牙。此时，西班牙的局势发生了变化。民主政府的军队，没能让马德里战事好转，也没有遏制住佛朗哥的叛军向西班牙北部省份的进攻，叛军已占领了西班牙领土的三分之二。

9月初，海明威与玛莎、赫伯特·马修斯等一起到阿拉贡前线采访。10月，他们一行又到布鲁奈特前线采访。他们的采访车上竖着一面英国旗和一面美国旗，以示他们是中立国的人。战场上的形势是严峻的，情况是复杂的。他们有时爬上陡峭的山坡，观察阵地的情况；有时坐卡车行驶在战地公路上，跟踪采集信息。他们暴露在叛军的视线下，屡次遭到叛军的袭击和炮弹的轰炸。天寒地冻，他们的生存条件更加恶劣。他们吃当地农民提供的食物，晚上则睡在敞篷的卡车里。

10月初，海明威病倒了，他住进了医院。10月中旬，身体刚刚康复的他又与战友们一起到了托洛尔前线。这种艰苦又危险的采访工作持续一个多月。圣诞节前夕，他们才回到巴塞罗那。

圣诞节的时候，保琳来到了巴黎。她本想去西班牙，把丈夫拉回到自己的身边。正巧，海明威也来到了巴黎。他们住在伊丽榭大酒店。夫妻之间因为战争的危险和玛莎的存在经常吵闹。海明威又被查出得了肝病，海明威内心烦乱。

1938年1月12日，海明威夫妇搭乘海轮回到纽约，回到基韦斯特。面对身体的疾病，加上感情的困扰以及报纸杂志的各种声音，海明威想寻找一处安静所在。他越发思念玛莎，终于在1938年3月19日，他再次赴欧采访，去与他的玛莎相见。

从 3 月下旬到 5 月中旬，海明威主要采访发生在埃布罗三角洲的战役。之后，海明威与玛莎、希普曼等人搭乘"诺曼底"号轮船，于 5 月 30 日返回纽约。海明威回到基韦斯特的家中。

夫妻之间继续争吵不休。保琳对海明威非常冷淡，海明威决心要摆脱保琳了。

8 月 30 日，海明威又去欧洲与玛莎相聚。10 月，西班牙民主政府的败局已定。国际纵队从前线撤回，准备离开西班牙。12 月初，海明威先行返回美国。

《有钱人和没钱人》 一片批评声

在西班牙内战期间，海明威创作了一部长篇小说《有钱人和没钱人》。这是海明威唯一一部以美国为背景的作品。该作品写于 1933 年，于 1937 年 10 月出版，前后共用时 4 年。

《有钱人和没钱人》这部小说写的是 30 年代前半期，在福利达半岛南端的古巴与墨西哥海面上有一个海盗，名叫哈里·摩根。他曾是一个渔夫，当过警察，见过世面。他爱思考，为人真诚，勇敢过人。他为了一家人不至挨饿，开始走私，成为一个非常凶狠的人。长期的底层人民的生活，他的心理发生了变化。他总是以自己的思维逻辑，来认可自己的行动；以自身经济上存在的问题及家庭困难，来说明走私和谋杀的合理性。他有一艘摩托艇，专门租给有钱的旅游者到海上钓鱼。当旅游者越来越少，这项收入减少时，贫穷和饥饿使他堕落。他开始铤而走险，在海上进行走私活动。他为了谋取财力杀死贩卖中国苦力的人贩子。因此，他经常与海岸警备队相遇，被打断一只胳膊。在一次运送古巴"革命者"时，他企图占有他们从银行中抢来的巨额财产，结果双方发生枪战，他中弹身亡。

在这里，小说中的主人公摩根因为贫穷走上了犯罪的道路。而贫穷犯罪的原因是因为有的太"有"有的太"没有"。海明威把这对矛盾斗争的矛头指向了富有的资产阶级。"没有者"摩根只能是一个憎恨富者的单枪匹马的孤胆英雄，并没有走上有组织的革命的道路。他临死前说出了这样一句话："一个人单枪匹马什么也做不成。"他至死也没有明白，为什么人们不能体面而诚实的生活，为什么不能靠体面和诚实的劳动赚钱糊口。

《有钱人和没钱人》出版后仅3个月就销售了32万册，被列入畅销书之列。作品也引发了评论家们的广泛评论，批评的声音几乎一致，认为这是海明威作品中最差的一部小说。他们普遍认为海明威不仅对政治漠不关心，而且对政治近乎无知。

海明威对政治和意识形态似乎漠不关心，但他对文学与政治的关系看得很透彻。他认为文学终归是文学，只要作品好就不用去管谁是作者，不用去管作者有什么信仰。海明威就没有什么信仰，他只相信自由，崇拜的是个人自由主义和个人英雄主义。

海明威性格坦率奔放，结交了很多政界朋友，他对政治不仅敏感而且洞悉全局。作为战地记者的他对各国的政要的采访，让他对第二次世界大战的到来有着清醒的预判。只是他拒绝追求政治上的时髦，他要站在一个中立的立场上，既不左也不右，客观地表达自己的"政治理念"。在《有钱人和没钱人》中，海明威体现了要改变这个社会经济上的不平等，体现了团结起来的必要性，仅靠单枪匹马闯荡是不行的。这表现的实际就是社会政治问题。

剧本《第五纵队》 还有批评声

1937 年的秋天，海明威创作了他一生中唯一的一个剧本《第五纵队》。写的是西班牙内战中一个美国记者的参战故事。于 1938 年 8 月在美国出版，又于 1939 年 6 月在英国出版。

《第五纵队》是以马德里保卫战为背景的战争故事。1936 年，西班牙一名叛军、法西斯军官将领扬言有四个纵队围攻马德里，同时城内有一批秘密同情者将配合法西斯的四个纵队里应外合，他名之为第五纵队。剧中的主人公美国记者菲利普·罗林斯借工作之便，帮助西班牙政府军做肃反工作。美国女记者多萝西玩世不恭，她到西班牙前线的采访和报道仅仅是工作。对待战事，她是一个冷眼旁观者，对谁胜谁负没有深度认识和偏向。女记者爱上了罗林斯，希望他能与自己到圣特劳贝兹过快乐的、平静的生活。菲利普不为所动，他要为了民主事业而战，并坚信自己所从事的事业是正义的。后来，菲利普潜入敌方侦察哨，抓住了对方的一名军官，获得了西班牙内部的间谍地址和接头暗号，侦破了法兰西第五纵队的间谍网，为保卫马德里做出了贡献。

《第五纵队》被视为海明威在反法西斯的战争中的杰出作品，表达了海明威朴素的阶级观念，表明了青年一代对社会责任的担当意识。

1940 年，该剧在纽约公演，演出 80 多场。

《丧钟为谁而鸣》出版 第二次婚姻结束

1940 年 10 月，海明威出版了长篇小说《丧钟为谁而鸣》。这是一部反法西斯战争的小说，是海明威的代表作之一。作品以西班牙内战为背景，表达了人民反法西斯主义的强烈诉求。作品里有大量描写战争的场面，从中人们可以了解西班牙内战的场景和法西斯的残暴。

　　小说创作于1938年的秋天，当时海明威正在欧洲。11月，海明威返美。于1939年2月继续创作，经过长达1年半时间，终于完成了这部辉煌巨著。

　　1936年初秋到1939年春的西班牙内战是第二次世界大战欧洲战线的序幕，是世界进步力量和德意志法西斯政权之间的一次较量。无数国际主义战士奔赴西班牙前线，大力支持西班牙人民的反法西斯斗争。尽管进步力量在这场斗争中失败了，但作为战地记者的海明威，亲临战场，目睹了这场世界反法西斯的正义战争，他要热情讴歌具有国际主义精神的美国战士的英雄壮举。因此，他写出了这部传世巨著。

　　《丧钟为谁而鸣》讲述的是美国青年罗伯特·乔丹在1937年西班牙内战中英勇战斗的故事。乔丹在大学里教授西班牙语，他志愿参加援助西班牙政府军。经过一年的战火洗礼，他成为爆破专家。为配合共和政府军的反攻，他奉命到敌后与当地游击队员一起完成炸桥任务。由于游击队内部意见不一致，游击队队长巴勃罗为他的炸桥任务设置了障碍。乔丹争取到了巴勃罗的妻子比拉尔和其他队员的拥护，还赢得了游击队中的小姑娘玛丽亚的爱情。在这3天战斗中，罗伯特·乔丹经历爱情与职责的冲突，经历了生与死的考验。尽管他很清楚政府军的反攻必败，但他仍坚定地实施计划。在同志们的帮助下，他冒死完成了炸桥任务。在撤退的时候，他大腿受伤，独自留下阻击敌人，最终为西班牙人民献出了年轻的生命。

　　《丧钟为谁而鸣》出版5个月即销售了50万册，评论家纷纷给予高度评价。好莱坞以10万元美元的高价购买了电影版权。3年后，由英格丽·褒曼和加里·库柏主演的同名电影大获成功。此后，海明威出售其著作的电影版权的收入比从出版社获得的稿酬要高多了。在四五十年代，海明威的很多作品，如《弗朗西斯·麦康伯短暂的幸福生活》《有钱人和没钱人》

《乞力马扎罗的雪》《太阳照常升起》相继被好莱坞拍成电影。

在写作《丧钟为谁而鸣》的过程中，海明威与保琳的关系逐渐走向解体。1938年年底，海明威从西班牙返回美国时，他与保琳维持着夫妻关系。8月末，海明威与大儿子邦比去美国西部怀俄明的诺德奎斯特大牧场消夏，9月初，保琳便追随而至。一路上，她受了风寒，病倒在床。起初，海明威还能照顾她。几天下来，保琳的病加重了。心绪烦躁的保琳对海明威的指责越来越多，两人闹得很不愉快。9月底，海明威借故避开她，驾车到爱达荷州中部索图斯山地的太阳谷，与玛莎一起享受美丽的秋天。

保琳意识到自己与海明威的关系走到了尽头。她是无奈的，现在她体会到了哈德莉当年的内心感受。自己破坏了别人的家庭，今天的自己也遭到了同样的命运，她只是不甘心。10多年来，她陪丈夫到过非洲打猎，经历了许多担惊受怕的日子。陪丈夫多次到欧洲，陪伴他走过了写下了7本书和数十个短篇小说的日日夜夜。她冒着生命危险生下两个孩子，拥有了基韦斯特岛上的一幢大房子，还买了一艘船。步入婚姻5年时，她就开始忍受丈夫的不忠，但她对丈夫的爱从没有减弱。她是一个悲情女子。

1939年4月10日，海明威从基韦斯特岛渡海来到古巴哈瓦那与玛莎会合，在离哈瓦那市区12英里的圣·佛朗西斯科·德保拉的眺望山庄租住下来。从此以后海明威与保琳分居。

这是一幢闲置很久的破旧平房，经过玛莎的精

离婚后的海明威与小儿子格瑞戈里亲切交谈

心布置，焕然一新。后来海明威用《丧钟为谁而鸣》的稿费买下了这座房子。海明威在这里住了20年。

1940年11月4日，保琳和海明威正式离婚。离婚判决书上写明两个孩子由保琳抚养，海明威付给孩子10年期每月500美元的抚养费。这段婚姻是海明威四段婚姻中时间最长的，但海明威对这段漫长的婚姻并不留恋，他对保琳甚至有一些愤恨，认为是她使自己失去了哈德莉。

13. 第二次世界大战　海明威的战地辉煌

第三次婚姻与难忘的中国之行

1940年11月21日，海明威与玛莎在太阳谷的大西洋铁路工会酒店举行了结婚典礼。婚后，他们驾车到纽约旅行度蜜月。喜欢旅行和冒险的玛莎之前向《柯里尔》杂志社申请到战乱中的中国去采访。她兴奋地向海明威建议到中国去旅行。

海明威为了此次旅行，接受了纽约时事报纸《下午报》主编英格索尔给他的战地采访任务。采访题目有：中日战争打得怎样？中国内战会不会发生？如何避免美日开战？这些题目，是尚未参战的美国民众和执政者最关心的话题。英格索尔要求海明威报道亚洲的反法西斯战争，重点关注租借法案是如何帮助同盟国取得战争胜利的。

经过简单的准备，海明威夫妇于1941年1月底离开纽约飞往洛杉矶。在此，他们受到了演员库柏夫妇的迎接，并会晤了即将与库柏一起主演电影《丧钟为谁而鸣》的英格丽·褒曼。

1941年2月1日，海明威和玛莎搭乘"马特索尼亚"号客轮至夏威夷，

2月下旬，再乘飞机经关岛抵香港，由此开始"中国之行"。

在香港，海明威与玛莎住在铜锣湾一家旅馆。这时，日本侵华战争已持续了10年。在这里，他结识了英国犹太军人双枪将军莫里斯·科恩。科恩向海明威讲了很多中国的事情。由于他做过孙中山的私人保镖，他很方便地把海明威介绍给孙夫人宋庆龄。

海明威在香港近郊的一栋别墅里采访宋庆龄女士。宋庆龄向

1941年，海明威和妻子玛莎（左二）准备前往中国

海明威介绍孙中山的三大政策、中国抗战形势、中国人民英勇抗战壮举以及中国民权保障同盟参与抗战的行动。宋庆龄特别谈到中国妇女参与抗战的意义，她说："中国有句古话，'国家兴亡，匹夫有责'。此话把妇女排除在外，是片面的。实际上，中国古代就有花木兰、梁红玉、穆桂英这样一些巾帼英雄。而今，在抗日救亡中，许多妇女以实际行动撑起了半边天！"宋庆龄的话包含了对中国国情的客观分析，以及女性参与抗敌救国的爱国雄心。宋庆龄的风采感染了海明威，海明威认为她是一名伟大的女性。

此时，整个香港危若累卵，日军随时有攫取之势头。从中国内地去的难民聚集，加重了香港的脏、乱。玛莎难以忍受，海明威本人则并不在意，反有种"得其所哉"的自在感。

1941年3月25日，海明威夫妇乘飞机离开香港到达南岳，到了前线第七战区韶关。海明威了解了一些战局和战况，视察了前沿阵地和一个军

官训练营。由于没有直飞重庆的班机，他们搭乘一辆旧卡车，然后换乘小舢板，一路颠簸，去了广州。

海明威在广东韶关国民党第七战区，在抗战前线进行了1周的采访，他们与士兵们一起巡逻，一起住在小村庄里。他看到了中国军队缺乏装备，部队尽力以训练和组织来弥补。海明威访问十二路军总部，受到中国军官们热情接待。尽管海明威并不喜欢出风头，他还是应邀向前线官兵发表了慷慨激昂的讲话。

海明威夫妇又几经周折，到了桂林。1941年4月6日，他们终于登上一架运钞飞机飞往山城重庆。

海明威以纽约时事报纸《下午报》特派记者的身份踏上重庆的土地，成为第一个报道中国抗战正面战场的美国记者。海明威见到了蒋介石的连襟、财政部长孔祥熙，也见到了他的夫人宋霭龄。孔祥熙对海明威非常亲切，极为热情，说自己在奥伯林大学读书时就认识海明威全家。

海明威夫妇与中国官兵在一起

海明威和中国的渊源可追溯到他那位在中国传教并行医的叔叔韩明卫。韩明卫是美国公理会的传教士，1903年被派到中国，先在河北通州学中文，后在山西太谷公理会办的医院充任医生，因而结识了当地的孔祥熙家族。后来韩明卫帮助孔祥熙赴美就读。孔祥熙就读

海明威（左三）和玛莎（左一）在华南

于奥柏林大学时与海明威一家结识。事实上孔祥熙在美留学时，还曾到过海明威在伊利诺伊州的老家做客，只是海明威那时年幼，记不得孔祥熙。

海明威夫妇在重庆停留 1 周时间，因有孔祥熙的照顾，见到了美国驻中国大使纳尔逊·约翰森。采访任务也进行得很顺利。海明威夫妇与中国领导人有了一系列的会晤。蒋介石和宋美龄夫妇邀请海明威夫妇共进午餐。席间的交流由宋美龄担任翻译。一脸严肃、身着灰色军装的蒋介石说："重庆多雾，有人不喜欢，可我喜欢。浓雾天气，扑朔迷离，谁也看不清谁，好像捉迷藏。"蒋介石谈了对抗日战争形势的看法，谈到了国共矛盾、中国传统文化及其道德价值等话题。海明威谈了对重庆的印象。他说，除日机空袭、被炸房屋和街

海明威夫妇与宋美龄在一起

上标语等战争痕迹外，重庆并无多少战时气氛，夜晚依然灯红酒绿，歌舞升平。此外，商品缺乏、物价飞涨，人口拥挤，一片肮脏，令人失望。

会见结束后，海明威得出的结论是，蒋委员长曾竭力使自己成为一个政治家，但实际上他却是一位军事领导人。因为其所有的观点都是基于军事上的考虑，而根本就没有民主思想。蒋介石怕共产党甚于怕日本人，不讲民主，是一个中国的拿破仑，而拿破仑的政治生命是不长久的。

4 月 14 日，就在离开重庆的前一天，在荷兰导演乔里斯·伊文思的帮助下，海明威夫妇与德国姑娘王安娜见面了。伊文思曾于 1938—1939 年在中国拍摄纪录片，对中国的情况十分熟悉。海明威夫妇在王安娜的引领下，躲开密探的视线，甩开跟踪，在一间只有 1 张桌子和 3 把椅子的地下室里，秘密会见了中共驻重庆办事处的代表周恩来。

周恩来穿着一件短袖开领的白衬衫和一条黑色的裤子。神态安详、朴素大方、平易近人的周恩来热情地招待远方的客人，海明威夫妇感到很亲切。他们之间用法语交谈，王安娜担任翻译。海明威选择欧美贵族在交际场合使用的语言来表达对周恩来的尊重。让海明威惊奇的是周恩来竟然不用翻译就能听懂法语。他们谈了1个多小时。

这是他们第一次和一个中国人谈得如此无拘无束。海明威大概给周恩来讲了广州前线的情况。由于他们对中国情况不太了解，尤其是对中国共产党的情况不太了解，所以他们主要是想听周恩来讲。由于当时太过兴奋没顾得上做记录，以至于当玛莎几十年后发表有关当年的回忆时，已经记不清周恩来讲了些什么了。玛莎说："我觉得，重要的不在于他说些什么，而在于他这个人。他坐在那四壁如洗的小房间里，身穿难以形容的衣服，而他却是个重要人物。我们认为，周恩来是个胜利者，是我们在中国所见过的唯一真正的好人。如果他是中国共产党人典范的话，那么中国的未来将是他们的。就我来说，我被这位魅力十足的人强烈地吸引住了。"

好在担任翻译的王安娜还记得当时的情景，她在回忆录《中国——我的第二故乡》中写道："直到现在，我有时也还回想起与海明威会见的情况，在那一个小时中，周恩来只说了三句话，其他时间全是这位著名作家的独自讲演，内容与解决远东诸问题有关。"

这次会晤堪称海明威中国之行的高潮。玛莎认为周恩来是她在中国见到的唯一的真正的好人。海明威则极为推崇周恩来的智慧，说周恩来是"绝顶聪明"之人。海明威得出一个结论：战后，共产党将在中国取得政权。

玛莎继续留在重庆，海明威一人乘飞机北上成都。在成都，海明威访问了一位由德国人帮助开设的军事院校，还去考察了近万名民工在没有任何现代化机械装备的条件下修建一个大型飞机场的施工工地。当看到10万中国农民唱着号子、用5000辆独轮手推车和10万条扁担建造机场的壮观场景，海明威不由得肃然起敬。

4月中旬，海明威夫妇飞抵缅甸东部城市，而后又改乘汽车和火车于4月底到达仰光。1个星期后，海明威则返回香港。这时玛莎前往新加坡和印度尼西亚的雅加达。5月6日，海明威飞抵马尼拉，然后经由关岛、中途岛、夏威夷、旧金山于5月下旬飞回纽约。

海明威向纽约时事报纸《下午报》主编英格索尔和美国国防部等有关部门通报了他在远方了解的情况。6月，与玛莎一起回到了哈瓦那。

海明威的这次东方之行，大约有3个月的时间。在中国停留了20多天。在这期间，海明威写了7篇报道，对中国战局做了分析并审慎地提出日本可能会对美国动武。关于中国抗战的报道，海明威写出了《苏日签订条约》《美国对中国的援助》《日本在中国的地位》《中国需要改善空军》《中国加紧建设机场》等文章刊载在《下午报》上。

在这些报道中，海明威表达了这样一个观点：中国有丰富的人力和物力，中国人民有勤劳勇敢、不怕艰难牺牲的精神。他们能对日本发动反攻，而且必将取得最后胜利。

海明威在给美国政府的报告里，对蒋介石的好评不多。他认为蒋介石是独裁的，是反民主的。重庆虽有中共办事处，但那只是装点门面的，别处的共产党人则被追捕、投入牢里，而且自由派人士的遭遇亦如此。

不过海明威对蒋介石领导的抗日战争是肯定的，对中国牵制日本所发挥的作用评价很高。他于1941年6月在刊物上发表了一系列采访中国的报道，说中国抗日带给美国的安全，无异横跨两洋的庞大海军舰队一样，所以美国应援助中国，而且他预言美国和日本的冲突不可避免。他也看出中国抵抗日本侵略最欠缺的是空军和训练有素的飞行员。而在海明威发表这些看法时，陈纳德将军已开始招募前往中国协助抗日的飞虎队员了。海明威以一位作家身份，能在军事上有此卓识，让人们不得不佩服他洞察事物的能力。

另类的战地记者

海洋篇——反间谍组织

《丧钟为谁而鸣》给海明威带来了极大的声誉，但同时也给他带来压力。他担心自己再也写不出好作品来了。读者对他的期望令他恐惧，这种恐惧令他不敢轻易动笔，这种心态让他慢慢地失去了创造力，他陷入了文思枯竭的境地。苦恼的海明威用酒精麻醉自己，这又大大地伤害了他的身体。在创造力衰退的状态中，海明威将自己的注意力转向战争。

1942 年 4 月初，美国驻古巴大使斯普鲁伊尔·布雷登授权海明威成立一个情报机构，进行反间谍活动，监控在哈瓦那的西班牙法西斯分子。活动经费由美国驻古巴大使馆负担。海明威感到非常高兴。5 月，他就组织好了一支队伍。这支非正式的反间谍组织被他称为"骗子工厂"。总部设在眺望山庄。他召集的人员中，有机枪手、传教士、西班牙贵族、渔民、游民等，共 26 人。海明威将各处收集的情报整理后，亲自送给美国驻古巴大使馆的秘书罗伯特·乔伊斯。

海明威设计了海上追踪德国潜艇的计划。他将自己的那艘游艇"比拉尔号"改装成美国自然历史博物馆采集科研标本的考察船。船上需要的武器和通讯装备，全部由美国大使布雷登为他们提供。他们在海上以科学考察为名侦查德国潜艇。"船员"们工作热情很高，但是他们并没有获得有用的情报。

1943 年 4 月 1 日，海明威的这个情报机构解散了。海明威这期间的写作几乎荒废了。他决定前往欧洲，对第二次世界大战进行战地采访。

从海战到空战——诺曼底登陆和空中打飞弹经历

1944年，美英等盟军在法国诺曼底登陆，开辟欧洲第二战场。海明威与《柯里尔》杂志签约，去伦敦报道英国皇家空军的战斗情况。

1944年5月17日，海明威乘飞机飞往伦敦。他住进了美国记者团下榻的多切斯特饭店。这里有很多海明威的老朋友。大家经常在一起喝酒、聊时事，等待盟军发起登陆进攻命令。

5月24日晚，海明威参加朋友为他举行的晚宴。结束后，朋友开车送海明威回饭店。途中车子撞上了路边的水塔，结果海明威头部被车前的防风玻璃割伤。海明威被送到医院，脸部被缝合57针，严重脑震荡。海明威对自己受的伤不在乎，他担心自己的伤势会影响参加登陆战役。

诺曼底登陆战役预定在1944年6月6日开始。这是第二次世界大战中盟军在欧洲西线战场发起的一场大规模的进攻，有接近300万士兵要渡过英吉利海峡前往法国诺曼底。

6月初，英国军方发给他一套蓝色制服和一个安全箱。制服的肩章上绣着"记者"字样，箱内有地图、钱、朱古力、药和指南针等。

由于海明威的头上有伤，军方让他在一艘登陆艇上观察战况。6月6日夜里两点，浩浩荡荡的舰队驶过了海峡的中线。海明威坐在船尾，用望远镜观察对岸。渐渐地近了，海明威看到了对岸海边瘫痪的坦克、燃烧的碉堡和大量的尸体。盟军发动了6次进攻，才冲破敌人的防线。

6月下旬，德国军队利用法国的基地向英国东南部发射飞弹。为了对付德国军队的飞弹，英国皇家空军出动了大量的轰炸机轰炸德军的飞弹发射基地。实施"台风"行动，组成机群方阵上天专打飞弹。英国空军为此已经有41架飞机被击落，400多架飞机受到不同程度的损坏。

海明威申请参加轰炸德军基地的采访任务。6月底，他来到邓斯福尔德第九十八空军飞行中队，随机执行任务。他如愿地坐在副驾驶的位置上，参与了轰炸战斗的过程。在英吉利海峡上空，海明威所乘的战机几次俯冲向投弹，都引来高射炮的密集炮火。还有一次，海明威与机组队长同机到敌占区上空飞行，发现了敌人的大量飞弹。海明威很兴奋，喊着去截击飞弹。他全然忘记了自己是一个战地记者，而不是指挥员。

陆地战——随军南下的战斗经历

1944 年 7 月中旬，海明威离开英国前往法国诺曼底做实地报道。海明威去采访乔治·巴顿将军的装甲师。一路上，装甲车掀起的灰尘，让他的眼睛和喉咙无比难受。18 日，他到了诺曼底，向巴顿将军领导的集团军属下的第四步兵师报到。在一个临时指挥部里，他采访到步兵第四师的第二十二步兵团团长查尔斯·特鲁曼·朗哈姆。

朗哈姆，1924 年毕业于西点军校，是一位战功卓越的将领，还是一位兴趣广泛的知识分子。他率领步兵尖刀团突破诺曼底防线率先攻进巴黎。

海明威详细而迅速地记录好采访的内容和军事情报。然后跟随这个步兵团一同跨越山冈、穿过丛林向南进击。海明威精通各种武器，虽然严格地说记者是不允许携带武器的；但他是一个无所畏惧的人，他要与敌人作战，他把自己当成了一名战士。

7 月 31 日，军方将从德国人那儿缴获的一辆三轮摩托配给了海明威。巴顿将军从汽车队给他调来了一个司机阿奇·佩尔基。从此，他们驾车穿行在前线的各个战区。

这一天，海明威和阿奇·佩尔基来到维拉迪约 - 波依勒小镇。这里刚刚发生了巷战，德军被赶出小镇。海明威得知某地下室藏有未来得及撤退的德国鬼子时，他带着手榴弹就赶往那个地下室。他对德军用德语和法语喊话，让他们走出来投降。看没回音，他就向里面投了 3 颗手榴弹，他已经进入了战斗状态。朗哈姆在战后的回忆中说，海明威有颗狮子的心，在战争中他是第一流的战士。他还赞赏了海明威在军事方面的才能。

8月5日，海明威和佩尔基开摩托到朗哈姆上校前线指挥所。在路上，佩尔基突然刹车，摩托翻进了路边沟里。海明威的头部、背部受伤了。他只好到诺曼底海岸外的圣米歇尔山的"波拉德妈妈"旅馆休息养伤。在这里，他结识了哥伦比亚广播公司的年轻记者查尔斯·科林伍德。通过几天的接触，年轻记者对海明威有如下的描述："他是个战争迷。他在战略、战术和军事史方面都是行家。他同高级军官有共同语言，他们当中有许多人愿和他在一起，对他怀有很大的敬意和个人感情。"

盟军继续向南挺进，实行下一个计划——解放巴黎。海明威伤好后，继续跟随部队南下。

海明威从第四师转到第五师，巴顿将军又给他配发了吉普车。

8月中旬，海明威见到了美国战略情报局上校戴维·布鲁斯。二人约定在雷姆波立特见面。海明威与佩尔基由一个法国游击队小组陪同，赶往雷姆波立特，他们要在正规部队之前到达。一路上他们清除地雷，扫清路障，抓漏网的德国鬼子。8月20日进入雷姆波立特后，海明威将公路旁边的格兰德维娜旅馆作为临时指挥部。在这里，他审讯德军俘虏，收集敌人防御工事的情况，派员在路口站岗瞭望，准备抵御德军可能发动的反扑。他们为大部队顺利进军巴黎打好了前站。

布鲁斯于8月21日到达了雷姆波立特，此后大量记者和后续部队也开了进来。海明威把撰写新闻稿件的任务放置一边。他的房间各种武器应有尽有，有手榴弹、地雷，有步枪、手枪、机枪。记者同行们提示他违背了禁止记者随身携带武器和直接参战的日内瓦协议，他却不在乎。

布鲁斯对海明威有过这样的描述：

我对欧内斯特怀有极大的敬意，不仅因为他是我的朋友，是位作家，而且还因为他是一个冷静、机智、富有想象力的军事战略家和战术家。我从旁观察，看到他兼有经过考虑的大胆冒险和小心谨慎的精神，这是十分难能可贵的。他懂得如何抓住一切稍纵即逝的有利时机，他天生有带兵的才能。虽然他有很强的独立个性，但是个有高度纪律性的人，这给我的印象是很深的。

8月24日上午，解放巴黎的总攻开始了，海明威与佩尔基率领游击队小组抄小路，率先进入巴黎。25日，当激烈的巷战在巴黎全面展开的时候，海明威率部下解放了瑞芝大酒店、旅行家俱乐部和一些重要酒店。

巴黎解放后，盟军继续向东北方向进军，海明威留在了瑞芝大酒店。他一面接待来访者，一面写战地报道。

9月1日，海明威收到了朗哈姆的一封密码短信，说他们在朗德勒西正在打仗。朗哈姆邀海明威一起去战斗。海明威和佩尔基第二天早便驱车向巴黎的东北方向驶去。9月3日，在庞墨雷尔，海明威赶上了朗哈姆的部队。在随后的4个星期，海明威随第四师第二十二步兵团一直打到德国境内。当地村民误将魁梧和威严的海明威当作将军。

1944年10月6日，海明威被控告参加军事行动、违反记者不得参与战斗的规定，被美国第三军检察总长叫到南锡进行了一次司法审查。如果这些控告得到证实，海明威很有可能被取消战地记者资格，并遣返回国。

布鲁斯、朗哈姆等为海明威写书面材料进行辩护。他们一致公认，海明威作为一个忠诚的美国人，在紧急情况下的行为没有任何失当之处。在炮火纷飞下，他的沉着和勇敢影响了参战的官兵，他是最勇敢的人。经过海明威的辩解，审查结果是海明威并未破坏有关战地记者的现行规定，指控不成立。此事得以了结。

11月15日到12月4日，海明威又投入了在亚琛和波恩之间的许特根瓦尔德的激烈战斗。

1945 年 1 月初，海明威返回巴黎瑞芝大酒店，从此告别了战争和战场。

从 1944 年 6 月到 12 月，海明威放弃了记者的采访工作，成了战场临时指战员。他的军事才能得以全面的体现。7 个月的战斗生活是海明威一生中最快乐的日子，他的心灵在战火硝烟中达到了一种纯净的狂喜的状态。如同《丧钟为谁而鸣》中的罗伯特·乔丹一样，他能特别地感受到胜利后的那种快乐。在他看来战争是民族生存的手段，是竞争性的拼搏。对于经历了这场战争能够生还的幸运儿来说，他们的情感得到净化。

这期间，海明威的战斗经历为他的创作积攒了大量的写作素材。在写新闻报道时，他总是将最好的材料留着日后著书用。正因此，他为《柯里尔》杂志仅仅提供了 6 篇短短的通讯稿件，且大都是根据自己的经历片段写成，没有什么新闻价值。由于海明威的作家名声，其稿件才得以发表。

1945 年 3 月 6 日，海明威搭乘返航的轰炸机，飞回美国。

欧洲战场的硝烟湮灭了第三次婚姻

自从 1940 年 11 月 21 日海明威与玛莎正式结婚，到 1945 年 12 月 21 日，两人办理了离婚手续，他们的婚姻持续了 5 年。在海明威 4 次婚姻的 4 位女人中，玛莎是最聪明、最美丽的一位。这次离婚是海明威被初恋阿格尼丝斯抛弃以来，又一次遭到女人的抛弃，这是海明威几次离婚中最受伤害的一次。海明威痛苦地感到，自己与玛莎的婚姻是一生中最大的错误，错误产生的原因在于自己的愚蠢。这种心情在他的长篇小说《过河入林》（1950）中有体现。男主人公对年轻的意大利情人谈论其前妻时，这样说：

"她是个野心勃勃的女人……她嫁给我是为了挤进军官的圈子，接触到的人比她的职业或凭她的手腕所能接触到的人高一层。她是个新闻记者。"

"可是你不可能娶一个总是那样子的新闻记者呀！"

"我不是告诉你，我犯了个错误吗？"

玛莎之所以嫁给比自己大9岁的海明威，在很大程度上是因为海明威在文坛上的名声，这是一个文坛新秀对大名鼎鼎的男性作家的崇拜。她与海明威的结合，不是精神和灵魂的融合，也不是外在的容貌和肉体的吸引，就是文学的梦想。

在海明威一生所结交的女人当中，玛莎是唯一和他具有同等意志力和同等才智的人。海明威需要的是一个服从他的妻子，但玛莎是绝不会屈从于男人意志的。她是一位雄心勃勃的小说家，同时又是一位非常活跃的新闻记者，她不可能为了海明威放弃自己的事业，她不可能停止自己的新闻记者的生涯。两个要强的个性之间的冲突，决定了他们的婚姻不会久长。

可能预感到他们的婚姻不会持续很长很久，也可能作为一个事业型的女性，对自己身材的看重。玛莎尽管知道海明威希望他们能生一个女儿，但她坚持不怀他的孩子。

在他们的同居或婚后生活中，两个人的生活习惯也不尽相同，故经常发生冲突。海明威的时间是无规律的，他的社会交往多，不乏有一些粗鲁野蛮的朋友来家里做客，家中总是乱糟糟的。加上海明威不修边幅，酗酒成性，脾气暴躁，喜欢骂人。有洁癖的玛莎，不能接受他的这些做法和行为，又难以改变他，结果只能是无休止的争吵。

1944年4月，海明威在赴英前主动提出为《柯里尔》杂志供稿，并与该社签订了合同。玛莎觉得这是有意拆自己的台，因为自1937年以来，她就给该杂志写稿。这次到前线采访，每家杂志只有一个去前线记者的名额，这就等于海明威剥夺了玛莎去前线的机会。这件事是他们关系破裂的导火索。

5月20日晚上，海明威到伦敦后不久发生了车祸。几天后。玛莎乘坐的货船到达伦敦，看得出来玛莎的心情很坏。这是因为玛莎为海明威弄到了飞机优先票，本以为海明威会为自己安排一个座位，结果失望了。

玛莎到医院探望躺在病床上的海明威时，看到他满头缠着绷带，竟称他根本不像有病。严重脑震荡的海明威有些伤心、有些愤怒，有了与她一刀两断的念头。没想到1944年11月3日，玛莎公开提出跟他离婚。12月24日，玛莎来到海明威当时所在的卢森堡，再次提出离婚的要求。两人发生了激烈的冲突。海明威有意拖延她的离婚要求。一年多之后，两人才终于分手了。

第二次世界大战期间，玛莎作为一名通讯记者奔赴欧洲，把事业置于婚姻之上，海明威非常不高兴。尤其是玛莎关于美军诺曼底登陆的报道写得很精彩，大有超过海明威的战地报道之势。这让争强好胜的海明威内心焦躁和不快。1944年年底，持续了5年的婚姻宣告结束。离婚后的海明威承认这场婚姻是自己一生中最大的错误，他对玛莎的怨恨直至终生。

第四次婚姻来了

1944年，在欧洲战场上，海明威与玛莎关系破裂了，海明威与玛丽·韦尔什结识了。后来，玛丽成了海明威的第四任妻子。

玛丽·韦尔什1908年出生于美国明尼苏达州北部的一个小镇。父亲是一个伐木工。她毕业于西北大学，先后在美国的《芝加哥日报》、英国的《每日快报》当过社会新闻采访记者和专栏作家。1940年到《时代》杂志社工作。第二次世界大战期间，玛丽作为新闻记者来到了伦敦。当时玛丽36岁，有过两次婚史，她正与同行欧文·肖同居。

一天，在一家军人和外国记者经常就餐的饭店，海明威见到了与欧文·肖一起来用餐的玛丽，海明威对玛丽一见钟情。这时的海明威正处在婚姻的尴尬期，眼前的玛丽，相对于玛莎的美艳高大、高贵冷漠，她显得娇小玲珑、热情活泼。她体态丰满，身材迷人，不是特别漂亮，然而玛丽的善解人意让海明威内心温度骤升。

海明威与玛丽很快就确定了情人关系。在那战火纷飞的年代，生死就是瞬间的事情，情感就是一种精神的力量散发着爱的温暖。

在海明威车祸住院的那段日子，玛莎乘货轮来到伦敦，看到病床上满头绷带的他，不但不心疼，而且还调侃他，说他根本不像一个病人。海明威感到了玛莎的薄情寡义，而玛丽的关怀给了他内心最大的安慰。

巴黎解放后，海明威与玛丽在瑞芝大酒店度过了一段甜蜜快乐的时光。在写作状态不佳时，海明威也会发脾气，但玛丽都能以自己的善良和仁慈包容和原谅他。

1945 年 3 月中旬，海明威回到了哈瓦那眺望山庄。刚刚离开战场的海明威经常回想自己在战场上的经历，他想把硝烟中的往事记录下来。然而，他就像当年从意大利战场上归来一样，平静的生活突然降临，他却难以入眠，或者总是梦见自己在战场上被德国人打死。海明威对平凡的生活有一种说不出的厌倦和失望，空虚、烦躁一起袭来，造成了他思路的混乱。现在他热切的盼望玛丽能来到他的身边，来温暖和安慰自己的内心。他开始花费时间和金钱，修整房屋和庭院，为了迎接玛丽的到来，也是为了平静自己浮躁的心。

1945 年 5 月 2 号，玛丽来到了海明威的眺望山庄，海明威的生活质量顿时有了改观。玛丽对海明威很崇拜，她意识到海明威需要的是一个女仆而不是一个事业上的竞争对手。为了心中的偶像，她毫不犹豫地放弃了自己的事业，甘心侍奉海明威，做海明威的家庭内助。她喜欢海明威的这个山庄，喜欢这里的一切，喜欢海明威的 3 个孩子和那些小猫小狗。她勤俭肯干、任劳任怨，将家中的事务整理得井井有条。她很快就赢得了海明威和3个孩子的认同和尊敬。海明威从玛丽身上感受到了一个女人的温情，感受到她对自己的志向和抱负的理解。

1945年9月初，玛丽与自己的第二任丈夫解除了婚约。12月21日，海明威与玛莎也办理了离婚手续。1946年3月14日，海明威与玛丽在哈瓦那举行了一个简朴的婚礼。

一切重归于平静，海明威潜心创作，业余时间还是和云集在他家的朋友们喝酒、钓鱼和打猎。玛丽怀孕了，海明威心里非常高兴，他决定带着妻子去太阳谷旅行。

8月19日，在怀俄明酒店，玛丽突然大流血，很快昏迷过去。她被迅速送往医院，经诊断为宫外孕，输卵管已破裂。医生实施抢救，这时输血的针头都扎不进血管了，医生表示无能为力了。海明威不甘心妻子就这样离去，他亲自动手用刀割开她的血管，让医生将血浆输进妻子的身体。妻子得救了，海明威守护在妻子的身旁，寸步不离。玛丽从死亡线上回来了，她对丈夫的感恩和信赖日增。同时自己的心里很难受，因为她丧失了生育的能力，不能实现海明威想要一个女儿的愿望了。

海明威和第四任妻子玛丽·韦尔什

玛丽是海明威的第四任妻子，她与海明威的前几位妻子不同，她是最了解海明威个性的。无论海明威发生什么样的事情，她都跟在他的身边支持他安慰他。就这样，她陪伴着海明威一直到他去世。

14. 喜忧参半的这一年

1947 年是海明威多事之秋。4 月，海明威的儿子帕特里特和格瑞戈里去探望母亲保琳，途中发生了车祸。格瑞戈里腿部受了轻伤，帕特里特头部受伤，引发"幻想狂精神分裂症"。海明威带着帕特里特多次求医，一直到 8 月，孩子才恢复健康。

6 月 13 日，海明威在美国驻古巴大使馆接受了授予他的铜质星字勋章和荣誉状。好消息刚刚过去，坏消息又来了。

6 月 17 日，斯克里布纳出版社的编辑马克斯·珀金斯突发心脏病死亡。海明威痛失了长期合作的好友和伙伴。

9 月 12 日，海明威青年时代的好友凯蒂·帕索斯死于车祸。接着，他在西班牙内战期间结识的好友汉斯·卡尔去世了。海明威家中的厨师拉蒙也因心脏病猝死了。

这一连串的坏消息，这些好友的突然离世，让海明威感到了人生的无常和人间的悲凉。这一年的冬天，海明威感到特别冷。

转眼到了 1948 年，这一年，海明威认识了文学界的 3 位朋友，他们分别是：著名评论家马尔科姆·考莱、《纽约人》杂志撰稿人莉莲·罗斯和《世界主义者》杂志的编辑阿伦·E. 霍契纳。前两人都采访过海明威，并分别在《生活》杂志和《纽约人》杂志上发表文章介绍海明威的事迹。霍契纳是海明威晚年最重要的朋友，他帮助海明威修改稿子，将海明威的作品改写成剧本。在海明威生命的最后 10 年，霍契纳陪海明威钓鱼、打猎，听他讲战争中的往事。他了解了海明威的生平和创作的经历，见证了海明威生命的顽强意志。若干年后，他出版了海明威晚年生活的传记作品。

15. 重游昔日战场　再振创作雄风

1948 年 9 月，海明威夫妇乘船抵达热那亚，这里是海明威 30 年前来过的地方。海明威租车来到了他当年战斗过的福赛耳塔，找到了当年他被炮弹炸伤的那片空地。昔日战场上情景，历历在目。炮弹声仿佛在耳边轰鸣，他看到了自己年轻时的模样。此次故地重游，大大地激发了海明威创作的激情。他开始构思一部战后小说。

一路上玛丽非常高兴，她感受着斯特雷萨的怡人秋色，看到了紫色的雾笼罩着山谷。特别是威尼斯的阡陌水路，圣马可广场的宏伟壮阔，哥特式教堂的金碧辉煌，这里的美令人窒息。

因为阿德里安娜，海明威的文思不再枯竭

11 月，玛丽独自一人前往佛罗伦萨，海明威独自一人在威尼斯北部托切罗岛上的一家小客栈里创作。海明威写作空闲时会到野外打野鸭。在 12 月初的周六下午，海明威到朋友的领地去打野鸭，结识了一位名叫阿德里安娜的年轻姑娘。海明见她的一刹那，仿佛被闪电击了一下。从此引发了海明威的"阿德里安娜的情结"。

阿德里安娜·伊凡西奇出身名门，在威尼斯的艺术女子教会学校接受教育。她举止高雅，聪颖明慧，喜爱艺术。她与海明威相识时是一个 18 岁的中学生。海明威和她在一起的时候，觉得时间过得飞快。她浑身上下

透出的青春气息让年近 50 岁的海明威有了一种重回青春的怀想。海明威对创作有了不尽的热情。因为对纯情的向往,海明威与姑娘保持着谨慎和距离。

1949 年 3 月,海明威因患眼疾和皮肤感染住院治疗,病情得到控制。4 月 30 日,海明威夫妇返回哈瓦那。在眺望山庄,海明威继续创作,初步完成了小说《过河入林》。这部小说中男主人公与意大利少女的充满感伤情调的恋爱,依稀可见海明威此时内心的真实感受。

海明威的心不自觉地飞到了巴黎,可能那里有战后他的风尘。1949 年 11 月 16 日,海明威夫妇经纽约乘船到法国巴黎,他们住进了瑞芝大酒店。在这里,海明威找到了作品中的战地感觉,他常常是通宵达旦的写作,终于完成了这部长篇小说《过河入林》。

这时,已临近圣诞节,海明威夫妇继续南行,于 1950 年 1 月上旬抵达威尼斯。在这里,海明威见到了他心目中的阿德里安娜。他们一起打猎、滑雪。在这里的每一个日子都过得惬意和美好。由于玛丽右脚踝关节扭伤,海明威皮肤再次感染,他们决定离开此地。3 月中旬回到巴黎,22 日回到纽约,4 月 7 日回到哈瓦那眺望山庄。

1950 年冬,阿德里安娜应海明威的邀请和母亲来到古巴,来到哈瓦那的眺望山庄做客。海明威热情接待了她们母女。海明威介绍阿德里安娜进入哈瓦那的上流社会,安排她到古巴各地及美国一些地方参观游玩。他甚至让她给自己的书画插图、设计图书封面,鼓励她在艺术上开拓进取。阿德里安娜对海明威这位著名作家无不敬重和崇拜,对海明威的慷慨给予和真心的呵护心存感激,但她对海明威这个老男人谈不上有爱的感觉。她接受着海明威对自己及家人的慷慨招待,却没有一点回报的意思。

阿德里安娜在海明威的眺望山庄期间,与古巴青年胡安·拉贝内斯确立了恋爱关系。1951 年 2 月 6 日,阿德里安娜与母亲离开了哈瓦那,乘飞机返回意大利。1954年，海明威非洲之行发生了飞机失事事故，阿德里安娜到威尼斯的格里蒂大酒店看望海明威。一切都已成为往事，海明威为失去的时光和失去的梦流泪，可惜阿德里安娜读不懂海明威内心的情感。

《过河入林》：对青春和自由的追念

1950年9月，《过河入林》在《世界主义者》杂志连载后在斯克里布纳出版社出版。

长篇小说《过河入林》写的是参加过两次世界大战的男主人公理查德·坎特威尔上校重访战地的故事。坎特威尔来到了他曾经战斗过的地方——意大利的福赛耳塔，找到了他当年作战负伤的地点。历经战争磨难的坎特威尔上校对战争岁月进行了回忆和反思。这是一位正直的军人对战争的强烈憎恨和对人类生存状态的真切关注，是对人生价值、爱情与死亡的思考。在威尼斯，坎特威尔与朋友们一起打野鸭子时，对美丽的意大利姑娘雷娜塔产生了毫无功利的纯真爱情。这是对新生、自由、纯洁和理想的追求。小说中雷娜塔的原型就是阿德里安娜。小说全面展现了海明威在第二次世界大战中的亲身经历及二战中的历史事件，表达了作者对战争的厌恶，对人类前途的关心。

《过河入林》出版后，在文学界没有产生一次轰动。评论家认为小说语言简单，创作模式无创新，男主人公的形象和精神状态暮气沉沉，有一种孤独与绝望的情绪。海明威倾注了全部身心与作的作品就这样沉寂了。

这期间，海明威还写了长篇小说《伊甸园》和《海流中的岛屿》。可能海明威想日后修改，稿件被存入银行的保险库中。海明威逝世后，这两部书稿在玛丽的努力下，在出版社编辑及专家的精心修订下，分别于1985年和1970年出版。

16. 创作的巅峰——《老人与海》

小说《老人与海》创作于 1951 年年初，2 月 17 日完成了初稿。故事的素材来自 16 年前，海明威听到的一个老渔夫与鱼的故事。海明威在短短的时间里完成了这部小说，不能不说是一个奇迹。这部书稿经过海明威的精心修改，于 1952 年 4 月分别由《生活》杂志社和斯克里布纳出版社出版。

《老人与海》的故事情节很简单，讲的是老渔民桑地亚哥的一次海上捕鱼的三天三夜的经历。

老渔夫圣地亚哥在海上已经连续 84 天都没有捕到鱼。起初有一个叫曼诺林的男孩跟他一道出海，到了 40 天圣地亚哥还没有钓到鱼，孩子就被父母安排到另一条船上去了，因为他们认为孩子跟着老头不会交好运的。

第 85 天，老头一清早就把船划向深海，布下鱼钩。这次，他先钓到了一条小金枪鱼。接着，他出乎意料地钓到了一条比船还大的马林鱼。老头和这条鱼周旋了两天，终于用鱼叉刺中了它。老头把鱼拖到船边，把它绑在了船头，开始返航。鱼在海面上留下了一道血迹，引来无数鲨鱼的争抢。老人奋力与鲨鱼搏斗，用鱼叉和绑着刀子的船桨打死几头鲨鱼，又用船舵赶走了鲨鱼。

老头将船划回海港时，马林鱼只剩下一副巨大的骨架，老人也精疲力竭地回到茅草屋里，喝了一口水，倒在床上睡着了。第二天，孩子来看老头，老头成了孩子心目中的英雄。那天下午，圣地亚哥在茅棚中的睡梦中见到了狮子。

"一个人并不是生来要被打败的，你尽可以把他消灭掉，可就是打不败他。"这是圣地亚哥的生活信念，也是《老人与海》中作者要表明的思想。圣地亚哥的形象，被评论家赋予了一个特有的称谓——硬汉。海明威通过圣地亚哥的硬汉形象，热情地赞颂了人类面对艰难困苦时所显示的坚不可摧的精神力量。结尾处，孩子准备和老头再度出海，他要学会老头的一切"本领"，这象征着人类这种"打不败"的精神将代代相传。

这部小说故事情节很紧凑，全部加起来仅有27000个单词，图书的页数不超过120页。但就是这部简单的小说，出版之后引起了极大的轰动，获得了读者和评论家们的一致好评。图书首批印制5万册，很快被抢购一空。当天的《生活》杂志，因连载了这部小说，竟然在两天之内，售出了530万多份杂志。1952年，《老人与海》的销量荣登图书畅销书榜单。海明威本人也认为这是他写得最好的一部书。《老人与海》这部书标志着海明威的创作状态达到了自己的顶峰。

1953年5月，《老人与海》荣获了普利策文学奖。1954年10月，凭借《老人与海》海明威被瑞士皇家学院授予诺贝尔文学奖。海明威在1954年1月在非洲遭遇飞机失事，身体多处受伤，仍在康复期，故未能前去领奖。

作为世界顶级的诺贝尔文学奖，它不仅仅是对海明威单部作品的奖励，而更像是他的终身成就奖。

1955年下半年和1956年上半年，海明威的《老人与海》要拍成电影，海明威开始监督改编剧本、帮助导演遴选演员等一些工作。《老人与海》于1958年开始公映。

《老人与海》是海明威一生思想探索和艺术探索的总结，其中的叙事艺术影响着当代文体。20世纪50年代，海明威是当时文化界的名流，是那个时代的公众偶像。他的传奇经历和作品中的故事为人们所联想和感叹。他的生活方式及对钓鱼、打猎、拳击和斗牛的爱好，无不展示一个硬汉永不言败的性格特征。

17. 丧钟为海明威而鸣

创作中的死亡情结

死亡对于海明威来说具有最大的真实性和现实性。作为作家，他自觉不自觉地带着对死亡这个永恒主题的偏爱，在作品中大量涉猎这一领域。甚至有些评论家把海明威戏称为"制造死亡的工程师"。海明威自己在《午后之死》中也说过："一切故事，讲到相当长度，都是以死结束的；谁要不让你听到那里，他就算不上一个真正讲故事的人。"在海明威的作品尤其是短篇小说中，充满着厮杀、鲜血和死亡，这反映了海明威内心世界里死亡的阴影。海明威认为死亡是人们无法逃避、无法超越的最大也是最可怕的真实，它具有一种巨大的莫名其妙的神秘力量，它在瞬间剥夺了人们的一切权利，撕碎了人们的一切主观想象和盲目乐观。总之，人们不要陶醉于人为的其乐融融的大团圆梦幻里，死亡正像躲在灌木丛中死盯着猎物的猎狗，随时随地会毫无理由地突袭式地咬噬着活蹦乱跳的鲜活生命，人们权且苟活，不过是暂寄一隅而已。海明威用众多的文学形象向人们诉说了这一人生体验。

在《弗朗西斯·麦康伯短暂的幸福生活》中，有钱而没有精神的美国人弗朗西斯·麦康伯与妻子千里迢迢到非洲狩猎狮子，美貌的妻子却背叛了有钱的丈夫。当丈夫由弱者变为强者、在击毙野牛的同时，妻子却把枪口对准了丈夫。丈夫与妻子的枪先后响起，野牛与丈夫也先后毙命。短暂的幸福与永恒的死亡像两根绳子结成的一个死结，本来是相互排斥的两件事，可在这里却成为拆不散的一个整体。

在《乞力马扎罗的雪》中，主人公哈里的大腿上生了坏疽症，他厌倦地躺在帆布床上，心里非常烦躁，似乎已听到死神逼近的脚步声。临死的哈里非常具体实在地感受到死神那可怖的形状及强大的力量。海明威借主人公哈里死前的幻觉，描写了死神的模样："它呼呼地喘着气，慢慢地挨到他身上来，它不具有任何形状，只是占有空间，它爬到哈里身上，把全部重量都压到他胸口。"在海明威笔下，死亡是非常恐怖的。

在海明威的长篇小说中，也大量地描写了死亡。被称为"迷惘的一代"的代表作《太阳照常升起》，写美国记者杰克·巴恩斯在一战中受伤而丧失了性能力，丧失了作为男性的第二个生命，虽生犹死。《永别了，武器》以第一次世界大战中的意大利为背景，写英国籍女护士凯瑟琳死于难产。

海明威借男主人公亨利之口表达了对死亡的理解："在这世界上，人人都受折磨，倒也产生一些勇敢的人。倘有受折磨而不屈服的，就会被他人害死，不管你是最善良的人，最温和的人还是最有勇气的人，都免不了一死。你如果不是这几种人，迟早也得死，只是世界并不急于要你的命罢了。"

海明威的死亡情结已于20世纪20年代形成，并贯穿整个创作和作品中。在他的笔下，世界就是大战场、大斗牛场、大拳击场，充满着你争我夺和相互厮杀，因而也充满着血与火，充满着残酷与罪恶，充满着痛苦与死亡。而人的生命在这个世界里显得非常脆弱、非常渺小，充满着失败的磨砺和死亡的痛苦。

海明威创作中的死亡情结，在于他描写主人公面临死亡时，总是由内心的恐怖逐渐变得坦然，进而达到超脱，呈现出有序的发展变化状态，或者是这三种情绪无序地、杂乱地混在一起，呈现在同一个层面上。在他看来，感受对死亡的恐怖，进而产生对死亡的超脱，不失为人生的快慰。

死神总来光顾

海明威与死亡多次擦身而过，在他的生活中留下一连串的生命节点，这些沉重的节点，让海明威对生命有了不同于他人的感悟。这些节点一直连续，最终迎来了句点。

最初经历死亡，便是参加两次世界大战。那死伤无数的血腥场景让"死亡"的印象在海明威身体和心里都留下了深刻的烙印。

1918 年，海明威参加第一次世界大战时，被炮弹炸伤。在医院治疗了20 个月，共取出弹片 237 块。重伤的后果是严重的失眠和内心深处长久的恐惧。他在给朋友的信中写道："我觉得我的灵魂和别的什么离开了我的躯体，好像从衣袋的一个角里抽出一条丝手帕一般。它四处飘去，然后回来了，又回归体内，我不再是死人了。"20 年后，他谈起那次受伤时仍心有余悸："事实真相是，我的伤深入骨髓，结果确实给吓坏啦！"第二次世界大战期间，他因报道战事而前往欧洲战场。在一次车祸中，他头部受重伤，伤口共缝了 57 针，患上了严重的脑震荡。这种伤病导致了海明威晚年神经系统的病患。

50 岁以后，海明威的身体每况愈下，高血压、耳鸣、丹毒一起袭来，皮肤病顽症缠身，身上还残留 1918 年的弹片。面对身体上的问题，永不向命运屈服的海明威，以钢铁般的意志在支撑病魔的侵袭。这一时期，海明威的亲友也发生了一系列的意外，这让海明威心烦意乱。他的母亲，他的前妻保琳，他家中的女佣先后去世；他的非洲朋友、与他合作的出版商也陆续离世。他酗酒，靠酒精的刺激减轻自己内心的痛苦，他的身心经受着生活悲哀。为了排解这一切，海明威采取了疯狂的旅行。他行走在意大利、法国、西班牙、非洲等地，寻找自己年轻时的足迹。尽管力不从心，但他仍在捕鱼、打猎等活动中践行自己的硬汉信念。他与命运的抗争悲壮且辛酸。

在1954年1月23日下午，海明威夫妇乘飞机沿尼罗河飞行参观墨奇逊大瀑布。由于飞行过程中操作失误，飞机迫降在山上一高地。海明威夫妇身体受些擦伤，好在人身都安全。1月24日，他们三人迎来了前来搜救他们的小型飞机。他们登上了飞机。飞机起飞几秒钟就摔向地面起火。这次海明威伤势很重，他满脸是血，双臂、头部多处被火灼伤，肾、肝脏受损，椎间盘骨头断裂，脑震荡，视力和听觉受到了影响。死神又一次在他身边走过了。海明威屡遭劫难，虽说大难不死，但死亡的阴影始终留存，生活中稍稍有些异常就会引起他高度紧张。

海明威喜欢冒险，热爱打猎、斗牛和捕鱼，这些活动都具有危险的隐患，不可避免地与死亡打交道。他多次受到死神的捉弄，真切地感受到死亡的凄冷、超乎想象和不受控制。

1957年之后，海明威开始写回忆录。他完成了最后一篇作品《危险的夏天》，于1960年在《生活》杂志9月号上连载。不久，海明威出现了忧郁、偏执和幻视幻听等症状。

即使是获得巨大成就的作家，他也无法逃离命运的归宿，无法承受对人生细致的琢磨和深刻的沉思后产生的苍凉无奈，也无法回避由于衰老多病不再寓于文学想象力而产生的无能和窘迫，所以不得不用死亡去结束这样的局面。因此，死亡情结之于海明威，是对于生命困境无法解决的一种绝望选择。

海明威之死

海明威生命的最后几年里，几乎不能写作了。之前海明威写的一些零星作品，在海明威逝世后，经玛丽整理后以《流动的宴会》为书名于1964 年出版。

海明威无法写出满意的作品，不能完成完美的叙述甚至不能按照严谨的思维去思考作品。他变得消极失望。海明威的身体状况已经不能接受古巴的闷热天气，而古巴的政局动荡也使人越发心烦意乱。在 1958 年初，海明威向往美国西部山地那清新的空气。他同朋友一起开车去凯彻姆，在那里住了两个月的时间，海明威的身体状况有了好转。1959 年 4 月，海明威在这里买下了一座占地 17 英亩（1 英亩 =4046.86 平方米）的住宅。

1960 年 7 月，海明威离开了古巴，去西班牙游玩。这期间海明威出现了抽搐、做噩梦、失眠等症状，他总是烦躁易怒，健忘多疑，寂寞恐惧。10 月，海明威的神经错乱了，他怀疑朋友要杀他。11 月，他被送入明尼苏达州的精神病专科医院开始电疗。

1961 年 1 月 12 日，海明威收到肯尼迪总统的就职典礼邀请函，他已经去不了了。20 日，海明威因电疗严重损坏了他的记忆力，他无比痛苦，要求回家。

海明威回到美国的凯彻姆家中后，闭门不出，偶尔出门总是极为恐惧。那个时候他很少同人来往，经常拜访他的是赛维尔医生。医生每天都到他家给他量血压。海明威仿佛走到了生命的低谷，他每天都注意自己的身体变化。赛维尔医生成了他最亲近的陪伴者。他们两人总是坐在客厅的北端窗子下的长椅上。海明威总是坐在老地方，一边测血压一边辛酸地说："再也不能写作了，不可能有新的作品了。"泪水悄然而出，流淌在双颊上。

对于一个真正的作家来说，写作就是他的生命。人无权决定自己的生，但可以选择死。当对生活的失望超过了对死亡的恐惧时，人就会决心了其一生。

一贯信奉"活着，则应勇敢地活下去"的海明威，当他无法继续被视为生命一样的写作时，当他无法找到在这种困境中活下去的理由时，这位硬汉就会毅然决然地选择自杀。应该说，无法进行创作的绝望是促成海明威自杀的根本原因，仅仅肉体上的病痛绝不足以击倒这位硬汉。

海明威去世前一天，在给他的渔民老友富恩特斯的信中说："人生最大的满足不是对自己地位、收入、爱情、婚姻、家庭生活的满足，而是对自己的满足。"对自己的不满足和无法满足，是海明威无法直面的事实，最终导致海明威饮弹自尽。

1961年7月2日7点40分，海明威在凯彻姆自己的居所里开枪自杀，一句晚间的问候，是海明威对家人说的最后一句话。

这一天是星期天，已被确诊为患有痴呆症的海明威起床很早，他的妻子玛丽还在睡觉。海明威找到储藏室的钥匙，拿出那支镶嵌着银饰物的双膛散弹枪，来到前厅装上子弹。这时，电话响了，他拿起电话，说了一句莫名其妙的话："我是海明威医生，我们都欠上帝一死，今年死的明年就不必等死了。"说完就挂了电话。然后他走到前厅门口，将枪筒放在嘴里，用他那只写下了大量不朽巨作的手，扣动了他一生中最后一次扳机。

闻声而来的家人在悲痛之余大惑不解，因为海明威虽然在患有痴呆症的这两年里有过几次自杀的举动，可是最近几天他的精神状态一直很好，昨天他还和家人一起在当地一家风味餐馆里快乐地吃饭，晚上在家里还高兴地和大家一起唱意大利民歌，熄灯之前他还和每一个人亲切地低语："晚安，我的小猫。"没想到这一句晚间的问候，竟成了他对每一个人说的最后一句话。

举国哀痛

海明威的突然去世，如同晴天霹雳一样击中了美国人民。精神支柱的突然消失，给美国人民带来沉重的打击。人们马上意识到，"某种至关重要的东西骤然间从这个世界上消失了"。海明威一死，他们所信仰的力量中断了。人们痛不欲生，仿佛海明威"把我们的生命也给毁了，如今我也是个死人了"。

西班牙最杰出的斗牛士胡安·贝尔蒙德，在听到"欧内斯特刚刚自杀了"噩耗时，只是慢慢地但很清晰地说了3个字"干得好"，之后，他也用同样的方式结束了自己的生命。

海明威自杀的第二天，大诗人弗罗斯特做了恰如其分的描述："他坚韧，不吝惜人生；他坚韧，不吝惜自己……值得我们庆幸的是，他给了自己足够的时间显示了他的伟大。他的风格主宰了我们讲述长长短短的故事的方法。我依然记得我想对碰上的每一个人大声朗诵《杀人者》的那股痴迷劲儿。他是我将永远怀念的朋友。"

海明威在美国人民心中，一直是勇于面对人生、面对苦难的硬汉，是一只凶猛、顽强不屈的狮子。这只狮子突然灭亡，对于他的追随者来说，是一种失去相信力量的痛苦。海明威何以能令全国上下"沉浸在哀痛之中"？就因为他那硬汉精神，曾带给无数美国人民以希望和勇气！

海明威本人及其笔下的人物影响了整整一代甚至几代美国人，人们争相仿效他和他作品中的人物。他就是美国精神的化身，人们在为这种精神哭泣。

1961年7月5日，海明威的葬礼举行了。

对于海明威的去世，约翰·肯尼迪总统发过唁电说："几乎没有哪个美国人比欧内斯特·海明威对美国人民的感情和态度产生过更大的影响。"海明威被约翰·肯尼迪总统称为"20世纪最伟大的作家之一"。

18. 关于死亡

海明威死亡之谜

对于海明威的死亡，后人说法很多。他的死因多年来一直是个谜，坊间也流传着各种猜测。据英国《每日邮报》1961年7月4日报道，海明威的好友阿伦·E.霍契纳披露，海明威并非像外界猜测的那样因为人格障碍或抑郁症自杀，而是死于美国联邦调查局（FBI）之手：因为怀疑海明威与当时的古巴领导人卡斯特罗有往来，FBI特工对他的窃听和跟踪让他焦虑不已最终导致心理崩溃。

在《每日邮报》发表的这篇文章中，霍契纳回忆起他在1960年去拜访海明威和他们共同的朋友杜克·麦克穆伦的情形。当时三人相约一起去钓鱼，但没能像以往那样先在当地酒吧喝两杯，海明威急着要上路，他称FBI特工正在跟踪他。海明威告诉两位好友，自己的生活"恐怖得就像地狱"，联邦特工对他进行24小时监视，他的车被盯梢，电话被监听，邮件遭拦截，FBI特工还在查他的银行账户。

不久之后，海明威就住进了医院，其间几次都试图自杀。他的种种类似行为使得人们认为他得了妄想症，而他被FBI跟踪的说法一直到他离开人世时都没有得到证实。

20世纪80年代FBI披露了一份有关海明威长达120多页的档案，证实了FBI确实对他实施了监控，还将报告直接送交时任FBI局长埃德加·胡佛。在海明威逝世半世纪之际，霍契纳称自己经常感到后悔没有相信老友的话，并相信FBI造成的巨大压力正是影响美国一代文豪痛苦和最终饮弹的一个重要原因。

海明威死亡情结

根据调查研究资料，FBI的监控跟踪确实对海明威造成了巨大的压力，是迫使海明威自杀的诱因，但不是最主要原因。人们更能普遍接受的两个主要原因是，海明威不堪忍受肉体上精神上的痛苦和创作力的衰竭。的确，海明威长期忽视甚至糟蹋自己的健康致使他肉体上精神上都受到了严重的损伤。他遭受着消瘦症、皮肤病、酒精中毒、视力衰退、糖尿病、血色沉着病、肝炎、肾炎、高血压、精神疾病等病痛的折磨。他接受医院的电疗后，又使他的记忆衰竭，让他的自传性作品的创作陷入困境。他一生奉行的至理名言："人可以被毁灭，但绝不能被打败。"也许，是他担心自己被打败，他不允许自己败下阵来，他宁可毁掉自己。

1928年，父亲自杀对他产生很大影响。若干年后，母亲把父亲自毙的那支左轮手枪交给他时，在卡片上附言："也许你愿意保存它。"父亲自杀的手枪成为海明威唯一留在身边的遗物，也有资料说是海明威自己挑选手枪留下的。这把手枪留在海明威身边多年，父亲的自杀沉重地压在他的心里，他怅然若失："我真不知这对我来说是一个什么兆头。"

海明威的血液里燃烧着从父亲那儿继承来的自杀欲望，他的一生都在与这种自杀冲动做斗争。30年代，他在一篇小传里提到："自杀，就像运动一样，是对紧张而艰苦的写作生活的一种逃避。"在《非洲的青山》里，他极力赞美猎枪带来的快感，到了《有钱人和没钱人》里头，海明威将这种能够带来感官享受的工具不仅仅瞄准了动物，而且也对准了自己。他觉得这玩意儿能够一了百了地解决所有心理、道德、医学以及经济难题，是"那种建造精美，能够治疗失眠，消除悔恨，医治癌症，避免破产，且只需指尖轻轻一按就能从无法忍受的境地炸出一条出路的工具"。

海明威曾对他的传记作家说过这样一段话："我父亲是自杀的。我年轻的时候还以为他是个懦夫。但后来我也学会了正视死亡。死亡自有一种美，一种安定，一种不会使我恐惧的变形。"他赞同尼采的观点："适时而死。死在幸福之峰巅者最光荣。"

从海明威笔下的人物可看出，那些有着阳刚特征的男性主人公，分别以斗牛士、士兵、拳击手、猎人、渔夫等面目出现。他们往往缺乏文人的优雅，也不太讲文明社会里的礼仪，他们只是一味地去拼、去干、去死。在海明威的死亡创作情结中，我们明显地感受到：人既然都有一死，那么就应死得洒脱一些，死得有风度一些，要保持应有的精神风范。死的结果无足轻重，而死的态度、死的仪式才是重要的。

也正因为如此，1961年7月2日早晨，海明威演出了他一生中最为惨烈的一幕：他用心爱的猎枪结束了自己的生命。他用激烈的方式补充说明了他的死亡情结的全部内涵。

既然死亡难以避免，就应积极面对，以一种超然态度去迎接死亡。借此实现人生的圆满并以此产生愉悦和满足感，去减轻、忘却死亡的痛苦。

对海明威死亡情结的评价

海明威的死亡情结，对社会、人生有很深远的影响。首先，社会乃至文学界对死亡的过分认定甚至推崇，必然有助于形成海明威本人的悲观主义价值观，并认为死亡至上。而名人效应作用，又将悲观主义波及社会，这对20世纪已疲软的西方思想界无疑是雪上加霜，在西方人本已痛苦的心灵上引发了更多更大的痛苦，引发了更多人的轻生。

其次，死亡情结凸现了生活的本质特征。从某种意义上来说，它是

20世纪西方社会的人格化。两次大战对青年人的残害是巨大的，摧毁了青年人的身体和理想。毁灭了他们的未来。政府为了鼓励青年人参战编织了很多为了正义真理的谎言。广大热血青年奔赴战场，投身帝国争夺的战争。战后，他们身体伤残、精神痛苦，没有勇气面对生活和未来。社会的无视，使年轻一代善良的心灵和事业心、责任感、道德感无从归依。人们丧失了长期以来栖息、修身养性的精神乐园。数代人孜孜以求、钻研不息、为人类更好地生存而制定的某些社会契约，越来越走向反面，成了钳制人折磨人的异己力量。人们正面临着一个难以把握的世界，无异于面对死亡陷阱。生活其间的西方人，人生的痛苦和辛酸，心灵的凄凉与悲惨，自不待言。他们普遍感到大难临头，在劫难逃。因此，海明威的死亡情结，不仅是对人生冷酷的真实面对，也是对社会冷酷的真实揭示。

再次，他的死亡情结中一个重要的方面是精神超脱。这种精神超脱乃是西方文明史上弘扬个性传统的余脉。自文艺复兴以来，强调个体已成为西方资本主义文化最根本的特征。在文学创作中，主要表现为弘扬个性、歌颂人性。显然，海明威所处的时代，"宇宙的精华，万物的灵长"那高度膨胀的老调不复重弹，死亡的阴影云遮雾罩。这就使西方社会里的知识分子不得不重新考虑保存个性的方式，以找回被死亡阴影所掩盖的现代人生命的意义和价值，进而实现人生意义的另一种圆满。与其凄凄惨惨、死乞白赖地寻求无价值的存活，何如积极面对，视死如归，表现出一种完美的生命价值。所以，面对死亡，也是西方人文主义意识在混乱的世界中表现出的一种最为美丽和悲壮的姿态。

第二部分　创作

我已经学会决不要把我的写作之井汲空，而总是在井底深处还留下一些水的时候停笔，并让那给井供水的泉源在夜里把井重新灌满。

海明威创作生涯长达 40 年，他创作的作品有中、长篇小说 13 部，短篇小说 80 余篇，剧本 1 部，还有诗歌和众多的报刊文章。有学者将海明威的创作分为三个时期：20 年代、30 年代和 40 年代以后。如朱维之、赵澧主编的《外国文学简编》，王忠祥、聂珍钊主编的《外国文学史》，划分的依据是写作时间和地点。

但是这样的划分略显简单，不足以体现海明威思想状况上的变化。根据海明威的生活经历，从考察海明威小说创作的主题入手，以其人物性格的形成过程为切入点，详细勾画出海明威创作思想的发展轨迹，可以分为三个阶段。

第一阶段："迷惘"的文学主题

代表作：《太阳照常升起》《永别了，武器》

创作时期状态：悲观失望，彷徨忧虑，消极遁世，流露出浓厚的悲观主义。

海明威创作的第一阶段也称为早期创作阶段（1923—1929）。

海明威 1923 年开始写作，1924 年出版短篇小说集《在我们的时代里》。其中《在我们的时代里》描写了主人公尼克·亚当斯战前的生活情景及和平宁静生活被战争破坏与战后的迷惘心情。很明显，这篇小说带有作者自传色彩。长篇小说《太阳照常升起》（1926）刻画了战后一群青年流落欧洲的生活情景。这部作品是"迷惘的一代"的代表作，当时在广大青年中引起了强烈的共鸣。

"迷惘的一代"是第一次世界大战后美国的一个文学流派。所谓"迷惘"，是指他们共有的彷徨和失望情绪。"迷惘文学"的特点是：语言上的简约主义和口语化倾向，形式上勇于创新，传记文学和回忆录空前繁荣。"迷惘的一代"称谓源于20世纪20年代初，侨居巴黎的美国女作家格特鲁德·斯泰因对海明威说："你们都是迷惘的一代。"海明威把这句话作为他第一部长篇小说《太阳照常升起》的题词，"迷惘的一代"从此成为这批虽无纲领和组织但有相同的创作倾向的作家的称谓。《太阳照常升起》是海明威的第一部长篇小说，体现了"迷惘的一代"文学的基本特征，实际上是这个流派的宣言，塑造了"迷惘的一代"的典型。

小说描写的是第一次世界大战以后一群流落巴黎的英、美青年的生活状态和思想情绪。主人公杰克·巴恩斯的形象带有作者自传的成分，体现了海明威本人的某些经历和他战后初年的世界观以及性格上的许多特点。他是个美国青年，在第一次世界大战中负了重伤，战后旅居法国，为美国的一家报馆出任驻欧记者。他在生活中没有目标和理想，被一种毁灭感所吞噬。他热恋着勃莱特，但负伤造成的残疾使他对性爱可望而不可即，不能与自己所钟情的女人结合。他嗜酒如命，企图在酒精的麻醉中忘却精神的痛苦，但是这也无济于事。巴恩斯的朋友比尔对他说："你是一名流亡者。你已经和土地失去了联系。你变得矫揉造作。冒牌的欧洲道德观念把你毁了。你嗜酒如命。你头脑里摆脱不了性的问题。你不务实事，整天消磨在高谈阔论之中。你是一名流亡者，明白吗？你在各家咖啡馆来回转悠。"书中所描写的都是人生角斗场上的失败者，但他们不是逆来顺受的"小人物"，而是有着坚强的意志，从不抱怨生活对他们残酷无情，从不唉声叹气。然而他们都只相信自己，只愿意自己孤军奋战。

小说的结尾笼罩着浓重的悲观主义和哀伤痛苦的情调：他们注定是孤独的，不能结合在一起，只能在幻想中求得安慰。

海明威早期的文学作品和主张，极大地影响了欧美的许多作家，成为美国战后以怀疑彷徨和迷惘低落为基调的 20 年代文学的主要代表。这些作家中，大多数人亲身经历过第一次世界大战。在战场上，他们目睹了战争给人类带来的巨大灾难，经历了战争的折磨，了解了普通士兵中的厌战情绪。当时，他们大多还是 20 岁左右的年轻人，有许多美好的愿望，澎湃的激情。面对现实，他们深深感到"拯救世界民主"的口号不过是当初美国政府用来迷惑自己为帝国主义战争卖命的虚伪幌子，深知上当受骗，美好的理想即刻化为泡影，心灵深处也遭受到无法医治的创伤。大战结束后，他们不再相信什么政治、信念，但又找不到新的可靠的精神支柱，因而悲观、失望、彷徨、忧虑，处于一种迷茫，不知走向何处的精神状态之中。"迷惘的一代"的作家没有统一的组织团体及共同的纲领，但他们的共同点是厌恶帝国主义战争，在作品里揭露战争给人们带来的灾难，反映了战后青年一代的悲剧，他们在艺术上都很讲究表现手法的新颖及独创性。所谓"迷惘"，即厌恶战争，失去了生活的方向，内心感到失落、惆怅、空虚。

《永别了，武器》（1929）描写了一个志愿参加一战的美国青年与一位英国护士之间的恋爱悲剧，揭示了个人幸福被战争摧毁的痛苦，对帝国主义战争的罪恶揭露较深，具有强烈的反战情绪。这部作品强烈的动作和情景交融的描写手法，以及简练的对话和真切的内心独白，标志着海明威艺术风格的成熟。

在《永别了，武器》第二部分中，他把在瑞士的乡居生活写得犹如世外桃源，就是他第一次结婚后的生活体会。书中女主角凯瑟琳的难产，也是他第二个妻子难产的切身经历，她最后剖宫产生下第二个儿子。海明威是第一次世界大战后迷惘的一代的代表作家。这些人悲观、怀疑、绝望。他们志愿参军，在战争过程中，他们的身体和心灵大多遭受到无可挽回的创伤。他们怀疑一切、厌恶一切，鄙视高谈阔论，厌恶理智，几乎否定一切传统价值，认为人生一片黑暗，到处充满不义和暴力，总之，万念俱灰，一切都是虚空。

海明威通过文学创作表达自己对世界和人生的痛悟，正如他在《永别了，武器》第二版序言中所说："这部书是一部悲剧，这个事实没有使我不愉快，因为我相信，人生就是一部悲剧，也知道人生只能有一个结局。"他的痛苦迷惘是深沉的，包含着对世界以及对自己的沉思。

用"迷惘的一代"概括战后的一代文学青年其实是非常笼统且不确切的。海明威在《流动的宴会》中颇为不屑地说："让她（斯泰因）说的什么迷惘的一代那一套跟所有那些肮脏的随便贴上的标签都见鬼去吧。"应该看到，这批作家们虽然在反战、自我流放等生活经历方面有共同之处，但这并不意味着就能将他们简单地归于"迷惘的一代"的大旗下而忽略其个人特色。相反，个性和个人风格正是他们致力追寻的东西，也是推动他们进行文化反叛的初衷。事实上，"迷惘的一代"虽然人数众多，但大多数已经湮没于历史，到如今默默无闻，究其原因恰恰是因为这些人的作品太符合"迷惘的一代"的"共性"而缺乏能垂名青史的个人特色。这也是一个有趣的文化悖论，一方面他们以其反叛旧文化的标新立异加入了"迷惘的一代"的阵营，但是一旦这些标新立异被主流文化接纳，他们的先锋性就迅速褪色，终至湮没于"迷惘的一代"的共同话语中。倒是海明威、多斯·帕索斯、肯明斯、福克纳等作家不拘泥于"迷惘的一代"的束缚，在1930年之后逐渐转向，不断成长，逐渐形成自己独特的题材与风格，从而在美国文学史上占据了牢固而持久的位置。

1940年，海明威写成长篇小说《丧钟为谁而鸣》，这部小说叙述美国人罗伯特·乔丹奉命在一支山区游击队的配合下炸桥的故事。乔丹在临死之前回顾了一生，肯定自己为反法西斯而牺牲是光荣而崇高的。作者赞扬了主人公的牺牲精神，从民主主义立场反对法西斯主义。这时的海明威已摆脱了"迷惘的一代"的桎梏，比较注重现实描绘，由此进入了海明威创作的第二个阶段。

第二阶段："冰山原则"的创作

代表作品：《午后之死》《丧钟为谁而鸣》

创作时期状态：潜心研究文学创作，探讨如何对抗孤独和痛苦、超越不幸和死亡。

海明威创作的第二阶段也称为中期创作阶段（1929—1945）。

"冰山原则"是海明威在一部描写西班牙斗牛的专著《午后之死》（1932）中提到的文学创作的著名原理，海明威说："如果一位散文家对于他想写的东西心里很有数，那么他可能省略他所知道的东西，读者呢，只要作家写得真实，会强烈地感觉到他所省略的地方，好像作者已经写出来似的。冰山在海里移动很是庄严宏伟，这是因为它有八分之一露出海面。"海明威主张水面下的"八分之七"应该留给读者去感受。根据他的解释，可以对"冰山原则"做一个大略的理解：所谓"冰山原则"，就是用简洁的文字塑造出鲜明的形象，把自身的感受和思想情绪最大限度地埋藏在形象之中，使之情感充沛却含而不露、思想深沉而隐而不晦，从而将文学的可感性与可思性巧妙地结合起来，让读者对鲜明形象的感受去发掘作品的思想意义。

构成"冰山原则"的四个基本要素是：简洁的文字、鲜明的形象、丰富的情感和深刻的思想。具体地说，文字和形象是所谓的"八分之一"，而情感和思想是所谓的"八分之七"。前两者是具体可见的，后两者是寓于前两者之中的。文字塑造了形象，形象包含了情感，而情感之中蕴含着思想。诚然，就一般文学作品而言，这四个要素都是必不可少的，但在海明威的作品中显得尤为突出，因为他强调了情感和思想的含蓄性。

这并不意味着在作品里，省略是一件随心所欲的事。他曾强调说："如果一位作家省略某一部分是因为你不知道它，那么在小说里就有破绽了。"很清楚，作家省略的东西必须是他所熟悉的，也必须是读者所能够心领神会的。这样一来，没有被省略的文字就要有典型意义，只要读者看到这些文字，便会联想到那些省略掉的内容。这就犹如高楼大厦的基石，大厦固然雄伟，但离开了基石却不能矗立一样。

海明威的"基石"埋藏得深厚而又牢固，这和他的生活经历是分不开的。他涉世的第一步是亲自参加了第一次世界大战。作为红十字救护队的志愿人员，海明威对这场战争是抱有幻想的。像许多单纯幼稚的青年一样，海明威怀着"拯救世界民主"的宏大抱负走上了战场。在意大利北部的意奥战场，海明威用自己的勇敢行为实践着自己的理想。他是非战斗人员，却在战场上到处奔波，甚至受了伤。战争的残酷、统治者的虚伪和无谓的流血在战后一下子都表现出来了。海明威发现，当年的勇士不过是受骗上当者，不仅身体受了伤，精神上也受到了创伤，变得迷惘消沉起来。海明威的创作正是在这种背景下开始的。在他早期的名作《永别了，武器》中，主人公亨利与凯瑟琳的悲剧正是这种思想的集中反映。有趣的是，他笔下的主人公几乎和他走过同样的路。对这场战争的回忆，成了海明威最痛苦的事。在《海明威，一个巨人的生与死》里，有一段是他去世前不久说的："我现在还记得，我对于第一次世界大战感到十分可怕，吓得我有十年写不出它。战争在你内心造成的创伤，愈合起来是十分缓慢的。"海明威早期作品带有强烈的反战情绪，他的高明之处是他把反战同对社会现实的不满联系起来了。他从反对战争、怀疑社会出发，树立了一种除了个人勇气和自我感觉外，别无可信的人生态度，这在当时具有典型意义。海明威这一时期的作品表现了对资本主义文明的抵触,尽管美国在战争中大发横财,国势日渐强盛,但是,在海明威看来,战争给人的生命和社会带来了空前的灾难,接踵而来的又是社会的动荡不安。

海明威的短篇小说《大双心河》,其第一部分叙述了主人公尼克·亚当斯返回阔别多年的故里,这是个偏僻幽静的乡间,一年前被一场大火烧光了。但主人公仍然对这次旅行感到很激动,因为他毕竟很长时间没有看到那条熟悉的小溪和溪中的鱼了。从表面上看,尼克这次重返故里的目的仅仅是为了钓鱼,不过当我们看到尼克的种种行为时,似乎感到作者在暗示尼克另有企图。尼克朝宿营的地方走去,路上不时停下来寻找鱼饵,接着他平整场地,放好地毯,拉起帆布。从尼克机械的举动中,人们可以隐约看出,他的性格颇有些变形,就像溪中的鱼儿一样。显然,尼克企图通过连续不断的动作来逃避什么。他把所有东西都抛在脑后,从而获得了快活。当一切安顿就绪又突然觉得"脑子又在思索了",顿时又紧张起来,接着,尼克进入了梦乡。

小说的第二部分叙述了尼克次日一整天都在忙碌钓鱼。一旦有大鱼上钩,他兴奋不已,一天的时光就在这兴奋中消磨光了。

作品中,钓鱼至多是个表面现象。实际上,小说描写了一个精神上受过严重刺激的人的形象。从尼克·亚当斯系列小说中可以看出,这时的尼克刚刚从第一次世界大战的战场上回来,战争对他的刺激太大了。和作者一样,尼克不敢想也不愿想战争的情景。"钓鱼活动"寄托了尼克"逃避"的思想。

《大双心河》的故事说明,海明威不仅具有杰出的叙述才能,而且具有深刻的思想。著名批评家马尔科姆·考利曾就海明威的创作给出论断:"海明威的最优秀的散文给人以深度感。"的确,海明威的作品几乎没有就事论事之弊,它们无不给人以思考的广阔天地。

"八分之七"包含着海明威丰富的情感，这种情感往往和作者的思想相连。《白象似的群山》是海明威的著名短篇作品。故事是说一个男人带一位姑娘到马德里去做堕胎手术，这对男女在路边的车站等待开往马德里的快车。由于天气炎热，他俩不停地喝啤酒，他们一边喝啤酒一边说话，整个作品几乎是由对话构成的，至于这件事的来龙去脉以及此刻姑娘的情绪等，都没有提到。尽管如此，从他们的言谈中，我们仍能感觉到姑娘复杂的情绪变化。对于姑娘来说，显然有什么东西就要被毁了，而这东西又是姑娘期盼已久的。文中有这么一句，姑娘说："样样东西都是甜丝丝的像甘草。特别是一个人盼望了好久的那些东西，简直就像艾酒一样。"毫无疑问，这是在指孕育在身的胎儿。姑娘原本指望舒舒服服享受生活，但眼下，男人改变主意了，一旦胎儿被打掉，姑娘就要面临被抛弃的危险，所以她吓坏了。这里海明威始终没有把姑娘的感情写在明处。

海明威从来不企图在作品中说明自己的倾向性。从客观上讲，战争的残酷带给他的痛苦，已经到了难以用文字来表达的程度，这种痛苦使他的神经麻木起来。现在海明威唯一能做的是把他所经历体验到的一切准确地传达给读者，让读者根据自己的经验去充实、想象。

海明威擅长描写具有画面感的场景，是和他长期爱好绘画分不开的。海明威的父母是他艺术上最早的启蒙老师，曾希望把他培养成艺术家。他本人也做了不少努力。毕加索、马奈、莫奈等著名画家对他的影响不亚于马克·吐温、托尔斯泰等著名作家。多本海明威传记中都曾写到，法国后印象派大师保罗·塞尚对海明威的影响最大。

塞尚是一位艺术风格独特的画家，他要求的是根据个人的特殊感受，改造对象的形体，使之更加单纯、坚实和足够的重量感。表面上看，他的作品简单，其实，正是这种简单的形式下，包含了更为深刻的思想内容。海明威在回忆录中自己也承认，他从塞尚的画中学到了如何去创作一篇"有容量"的小说。

海明威重视场景画面感的描写，还有个重要原因，就是他受过意象诗歌的影响。在这方面，他受美国著名诗人庞德的影响较大。庞德在理论上和创作上都对意象主义进行了探讨。他认为：诗要具体，避免抽象；形式上要允许连行，不要切成一行行；要精练，不要废字，不用修饰；等等。海明威不仅在理论上这样陈述，在创作上也是这样实践的。海明威描写的事物本身总是清楚地呈现在我们面前。他的措辞简单明了，通俗易懂，甚至小孩都能一目了然。文字的浅显不等于思想内容的浅薄，关键在于作者的文字运用是否恰到好处。

实际上，海明威吸取了许多名家的长处，并将这些长处转化为自己的东西。他的"冰山原则"是时代的需要，历史赋予海明威的任务是：放弃无关的素材、写作的花招、泛滥的情感，用精练的文字反映出时代的风貌。"冰山原则"对后世的影响极大，它开创了一代文风。随着历史的发展，海明威的那种特有的写作方式将会像巴尔扎克、狄更斯的写作方式一样，被后人以新的方式取代，但作为一种创作原则，"冰山原则"的影响是永恒的。

第三阶段："硬汉子"形象的塑造

代表作品：《老人与海》《过河入林》

创作时期状态：面对困难顽强不屈，始终保持自己的尊严和勇气。

海明威创作的第三阶段也称为晚期创作阶段（1946—1961）。

第二次世界大战以后，海明威身上多伤，留下了脑震荡、视觉重叠等严重后遗症，老年时又患有高血压、糖尿病和神经方面的疾病。他与病痛拼搏，还要坚持写作。在文学创作方面，他虽勤奋，但此阶段创作且于生前发表的却仅有长篇小说《过河入林》（1950）、中篇小说《老人与海》（1952）和写斗牛见闻的《危险的夏天》（1960）3 部作品。1961 年海明威去世以后，由他人整理出版的作品有回忆录《流动的宴会》（1964）、长篇小说《岛在湾流中》（1970）、短篇小说集《尼克亚当斯故事集》（1972）和长篇小说《伊甸园》（1986）等。

海明威曾说过，"在我看来，整个世界就像拳击场，每一个人都在场内。你只有还击才能生存，所以我时刻准备拿起拳击手套戴上就打，我要打到生命的最后一天，那时我就要跟自己打"。正如他所说的，直到生命的最后时刻，海明威仍在顽强地拼搏，其结果就是《老人与海》。海明威说《老人与海》是他一生中打到的最大最美的狮子。《老人与海》描写了老渔夫圣地亚哥在连续 84 天没有钓到一条鱼的逆境中决不气馁，仍然每天出海打鱼。最后，他终于凭借他的经验、智慧和毅力征服了一条比他的渔船还长的大马林鱼。在胜利返航途中，面对轮番来袭的成群的鲨鱼，疲惫不堪的老人再一次勇敢地投入到捍卫胜利果实的战斗中。虽然他最终没能阻止鲨鱼对大马林鱼的攻击，虽然他最终带回港湾的只是一副大马林鱼完整的骨架，然而他用自己的实际行动实践了他的人生信条："人不是为失败而生的，一个人可以被毁灭，但不能被打败。"老人平静地接受了失败的事实，但又同时坚信自己的精神和意志永远不会败，他计划做更加充分的准备以迎接新的挑战。

《老人与海》获得了巨大的成功，它为海明威赢得了普利策奖和诺贝尔文学奖。的确，《老人与海》是海明威一生创作的总结性作品，它具有超越性，这种超越性表现在以下三个方面。第一，从人物形象来说，圣地亚哥超越了亨利和杰克，他不像亨利那样在战争和不期而至的灾难面前痛苦茫然，不像杰克那样在不幸的深渊中苦苦寻觅生活的准则。圣地亚哥也超越了乔丹。虽然他们都是逆境中的行动者——"硬汉子"，但圣地亚哥把逆境视为人生的必然而坦然面对，没有悲观宿命思想，更没有哀叹。再者，圣地亚哥是作为一个普通人在一个更加广阔的层面上——日常生活中，为了生活，为维护自身尊严而拼搏，而乔丹是作为一名反法西斯战士在特定的环境中为实现其政治信仰而献身。因此，从审美价值和审美效应看，圣地亚哥比之乔丹具有更大的审美价值和更加强烈的审美效力。所以，从亨利到杰克到乔丹再到圣地亚哥，这是海明威的硬汉主人公成长的历程。但严格地说，只有圣地亚哥才是唯一真正的"硬汉子"。第二，从主题思想来说，《老人与海》也超越了海明威以往的任何作品。他的早期作品重在揭示人生的痛苦和虚无，中期作品重在探寻对抗痛苦和虚无的途径，而《老人与海》则在大力颂扬以勇气和尊严为核心内容的硬汉精神。第三，从对作者的影响来说，《老人与海》使得海明威的精神价值超越了有限的自我生命，获得了永生。海明威说："谁也不能长生不老，但是一个人到了临终，到了必须同上帝进行最后一次战斗时，他总希望世人记得他的为人：一个真正的人。如果你完成一项伟大事业，那就会使你永生，如果你完成得确实出色，那就会永垂不朽。"海明威言出必行，他是一个真正的人，因为他脚踏实地地生活过并且终生拼搏不止，文学创作事业使他获得永生，《老人与海》使他永垂不朽。

海明威笔下的一系列硬汉形象虽然在职业、年龄上有差异，但都具有共同的精神气质，那就是始终保持旺盛的生命力和坚强的意志力，始终保持人的尊严和勇气。面对暴力和死亡无所畏惧，身处逆境而不气馁是他们性格的主导，尽管每次拼搏都以悲剧结尾，但他们是失败了的强者，精神上的胜利者。正如杰克·伦敦所说的："一切总算剩下了这一点，他们经历了生活的困苦颠连，能做到这种地步也就是胜利，尽管他们输掉了赌博的本钱。"

"一个人可以被毁灭，但不能被打败。"这既是海明威本人的人生格言，也是其笔下一系列硬汉形象的真实写照，是硬汉精神的最高境界。圣地亚哥是硬汉精神的完美体现者，他是一种寓言化的神奇英雄的化身，象征着一种哲理化的硬汉精神，一种永恒的超越时空的压倒命运的力量。"硬汉精神用主体的行动来展示其丰富的内涵，揭示肉体和精神的永恒生命来自运动的驱动力，强调在深沉的行动中锻造有价值意义的灵魂，勇敢、冷静、果敢、顽强、不畏任何强大力量的主体意识在与自然、他人，与自我的拼搏中展现出来。"

这种硬汉精神向人们昭示了一种深层的哲学意蕴：面对任何的异己力量，人都要高傲地坦然直面，在永不停息的积极行动中尽显生命的优雅风度和永恒的力量。"与命运抗争"是西方文学永恒的主题之一，希腊神话中的西绪福斯在地狱中无休止地、孤独徒劳地推着命运的巨石，虽然日复一日无功如斯，但正如加缪所言，"西绪福斯是幸福的"。而海明威笔下的硬汉形象是当代生活中的西绪福斯，他们在人生困境中能自觉地、积极主动地迎接一切困难和厄运，从这一层面上来说，海明威的硬汉形象要比西绪福斯更具魅力。随着西方资本主义文明的发展，人们的精神家园已成为荒原，海明威为不甘沉沦的人们找到了一种新的精神支柱——硬汉精神。这种精神传承了古代希腊文化，是连接传统与现代的纽带。它向我们传达了一种"一个人可以被毁灭，但不能被打败"的人生哲学，激励着陷于困境的人们勇敢、冷静、顽强地抗争，并在抗争中保持优雅的风度和高贵的尊严，做一个真正的强者。

第三部分 叙事艺术与艺术风格

假如你有幸年轻时在巴黎生活过，那么你此后一生中不论
去到哪里她都与你同在，因为巴黎是一席流动的盛宴。

海明威的艺术手法

1954 年，海明威因为精通叙事艺术而获得诺贝尔文学奖，获奖作品是《老人与海》。学者徐岱在他的著作《小说形态学》中写道："杰出小说与拙劣小说的差别主要不在于故事题材上，而在于讲述的方式方法上。"对海明威叙事艺术的研究不仅能对海明威作品的奥妙有进一步的了解，而且也是对海明威研究的进一步深入。奥地利著名学者斯坦泽提出了"叙事情景"的概念来分析叙事艺术，叙事情景包括叙事人称、叙事聚焦和叙事方式，以下从这三方面对海明威的多部作品的叙事艺术进行分析。

叙事人称

叙述者首先遇到的问题就是人称问题，叙述人称就是指第一、第二、第三人称。第一人称叙事，"我"可以是故事中的人物，也可以是旁观者或者见证人，利用"我"来叙事可以叙述自己所见所感，但是不能进入别人内心。一般来说，第一人称叙述由于加入了叙述者自己的经历，一般是来自于内心的情感和生命冲动，因此具有很强的感染力，更能给读者一种真实的感觉。海明威的一些作品，比如《我的老头儿》《我躺下》，从作品的标题就可以看出是以第一人叙述的。海明威的《永别了，武器》是一部举世闻名的力作，也是以第一人称叙述的。

《永别了，武器》素材来自于海明威的亲身经历。海明威在第一次世界大战时在意大利受伤后得到一位女护士的照料，两个人暗生情愫，这也

111

是海明威的初恋，让他刻骨铭心，所以他要通过第一人称作品来表达自己的强烈感情，如果改为别的人称，就无法表达出作者那种强烈的情绪和故事的真实感，同时小说的艺术性也会大打折扣。海明威第一人称的应用融入了两种自我："经验自我"和"叙述自我"来进行叙述。用第一人称叙事，"我"既是叙述者，同时也是小说中的人物。也就是说，"我"既可以是故事中的主人公，也可以是旁观者或者见证人。尽管第一人称受到人称视野的限制，不能进入别人的内心世界，但是"我"能带上自己的主观感情对故事进行叙述，具有很强的感染力和可信度。

早晨我被隔壁花园里的炮队开炮吵醒了，看见阳光已从窗外进来，于是就起了床。我踱到窗边望出去。花园里的沙砾小径是潮湿的，草上也有露水。炮队开炮两次，每开一次，窗户震动，连我睡衣的胸襟也抖了一下。炮虽然看不见，但一听就知道是在我们上头开。炮队离得这样近，相当讨厌，幸亏炮的口径并不太大。我望着外边花园时，听得见一部卡车在路上的开动声。我穿好衣服下楼，在厨房里喝了一点咖啡，便向汽车间走。有10部车子并排停在长长的车棚下，都是些上重下轻、车头短的救护车，漆成灰色，构造得像搬场卡车。机师们在场子里修理一部车子。还有3部车子则留在山峰间的包扎站。

"敌人向那炮队开过炮吗？"我问一位机师。

"没开过，中尉先生。有那座小山的掩护。"

"这里情形怎么样？"

"不太坏。这部车子不行，旁的都开得动。"他停住工作笑一笑，"你是休假才回来吧？"

"是的。"

他在罩衫上揩揩手，露齿而笑："玩得好吗？"其余的机师都露齿而笑。

"现在是什么毛病呢？"

"得换钢环。"

我由他们继续修理这部好不难看的空车，现在车子的引擎敞开着，零件散放在工作台上。我走到车棚底下，给每一部车子检查一下。车子相当干净，有几部刚刚洗过，其余的积满了尘埃。我细心看看车胎，看看有没有裂痕或是给石头划破的。一切情况相当满意。我人在不在这儿看管车子，显然没多大关系。我本来自以为很重要，车子的保养，物资的调配，从深山里的包扎站运回伤病员到医疗后送站，然后根据伤病员的病历卡，运送入医院，这一切顺利进行，大多是靠我一人。现在我才明白，有我没我并没有多大关系。

......

我沿着窄路开车朝河边驶去，把车子留在山下的包扎站上，步行走过那座有个山肩掩护的浮桥，走进那些在废镇上和山坡边的战壕。人人都在掩蔽壕里。那儿搁着一排排的火箭，万一电话线被割断的话，这些火箭可以随时施放，请求炮队的帮助或者当作信号。那儿又静，又热，又脏。我隔着铁丝网望望奥军的阵地，一个人也看不见。我跟一位本来认识的上尉，在掩蔽的战壕里喝了一杯酒，就沿原路返回。

有一条宽阔的新路正在修造，盘山而上，然后曲曲折折通向河上的桥。这条路一修好，总攻击就要开始了。新路下山时穿过森林，急峭地转折下山。当时的布置是，进攻部队充分利用这条新路，回程的空卡车、马车和载有伤员的救护车，则走那条狭窄的旧路回去。包扎站设在敌军那边河上的小山边，抬担架的人得把伤员抬过浮桥。

总进攻开始时，我们就将这么行动。照我目前所能观察到的，这条新路的最后一英里，就是刚从高山转入平原的那一长段，会遭到敌军不断的猛轰，可能搞得一团糟。幸亏我找到一个可以躲躲车子的地方，车子开过那一段危险地带后可以在那儿歇一歇，等待伤员抬过浮桥来。我很想在新路上试试车，可惜路还没修好，不能通行。新修的道路相当宽阔，斜度也不坏，还有那些转弯处，从大山上森林空隙处露出来的，看来也相当动人。救护车装有金属制的刹车，况且下山时还没装人，大概不至于出毛病。我沿着窄路开车回去。

比如在《我的老头儿》中："老头儿坐在那儿，对我略带几分笑意，可是他的脸色却煞白，看样子病得够呛，我心里害怕，感到不舒服，因为我知道出了什么事，我不知道怎么有人竟可以骂老头儿是狗娘养的而一走了之。"文中出现两个"我"，一个是叙述者，还有一个我是"经验自我"故事中的小男孩。如果改为第三人称叙述，不仅加大了读者与文本故事的距离，而且无法充分地表现出第一人称的两个"我"的复杂的艺术张力。在第一人称叙事中，"我"既是人物又是叙述者，与小说情节紧密相关，所以"我"具有强烈的人格性，同时第一人称叙事能给人故事正在发生的感觉，让读者能身临其境，叙述者的叙述更多的是一种情感上的冲动，常能以情动人。

但是利用第一人称叙事有时会沾上自我暴露的嫌疑，读者常常会把叙述者声音与作者画等号，尤其是当"我"在故事中是个英雄人物，"我"常常会被当作自吹自擂的自我中心主义者。所以海明威有时也会采用第三人称叙事，尤其是涉及一些自夸的嫌疑和道德方面的避讳。比如《老人与海》："他的右拳猛地朝自己脸上撞去，钓索火辣辣地从他右手里溜出，他惊醒过来了。他的左手失去了知觉，他就用右手拼命拉住了钓索，但它还是一个劲儿地朝外溜。"这一段文字用第三人称叙事来表现老人与鱼搏斗的英勇场面，不仅为了避免读者会把作者与老人画等号所带来的嫌疑，而且调节了叙事的距离，更能体现出老人孤身一人在大海上英勇搏斗的场景。与第一人称叙事相比，第三人称叙事视角就宽松得多，因为"他"只是人物，是被叙述者，所以"他"可以从某一个人物的视角去叙事，也可以在多个人物之间变换角度进行叙事；不仅可以描写外部所见所闻，而且也可以描述人物内心的活动；既可以参与故事之中，也可以游离于故事之外；既可以多角度去评价故事人物，也可以多角度评价故事。此外，第三人称叙事由于叙述者与故事无关，在叙述之前故事早已结束，似乎只是在讲一个很遥远的故事，所以故事发生的时间感对读者来说并不强烈，不像第一人称叙事，故事正在发生之中。如果从小说审美的角度来看，第一人称叙事主要是为了展示叙述者对所见所闻的生命冲动，而第三人称叙事主要是为了考虑小说本身的审美效果。比如，从老人在海上与大鱼搏斗的过程中，读者能明显地感觉到故事发生在过去的时空。

海明威没有用第二人称叙事的小说，第二人称主要用来描写人物心理活动、人物对话或者人物的自言自语。人物的自我对话中的"你"其实就是另一个"我"。比如《老人与海》，要表现老人独自一人在大海上的心理活动，再也找不到比通过人物自我对话的这种方式更好的了。

老人把钓钩从鱼嘴里拔出来，重新安上一条沙丁鱼作饵，把它甩进海里。然后他挪动身子慢慢地回到船头。他洗了左手，在裤腿上擦干。然后他把那根粗钓索从右手挪到左手，在海里洗着右手，同时望着太阳沉到海里，还望着那根斜入水中的粗钓索。

"那鱼还是老样子，一点儿也没变。"他说。但是他注视着海水如何拍打在他手上，发觉船走得显然慢些了。

"我来把这两支桨交叉绑在船艄，这样在夜里能使它慢下来。"他说，"它能熬夜，我也能。"

最好稍等一会儿再把这鲯鳅开肠剖肚，这样可以让鲜血留在鱼肉里，他想。我可以迟一会儿再干，眼下且把桨扎起来，在水里拖着，增加阻力。眼下还是让鱼安静些的好，在日落时分别去过分惊动它。对所有的鱼来说，太阳落下去的时分都是难熬的。

他把手举起来晾干了，然后攥住钓索，尽量放松身子，听任自己被拖向前去，身子贴在木船舷上，这样船承担的拉力和他自己承担的一样大，或者更大些。

我渐渐学会该怎么做了，他想。反正至少在这一方面是如此。再说，别忘了它咬饵以来还没吃过东西，而且它身子庞大，需要很多的食物。我已经把这整条金枪鱼吃了。明天我将吃那条鲯鳅，他管它叫"黄金鱼"。也许我该在把它开膛时吃上一点儿。它比那条金枪鱼要难吃些，不过话得说回来，没有一桩事是容易的。

"你觉得怎么样，鱼？"他开口问，"我觉得很好过，我左手已经好转了，我有够一夜和一个白天吃的食物。拖着这船吧，鱼。"

他并不真的觉得好过，因为钓索勒在背上疼痛得几乎超出了能忍痛的极限，进入了一种使他不放心的麻木状态。不过，比这更糟的事我也曾碰到过，他想。我一只手仅仅割破了一点儿，另一只手的抽筋已经好了。我的两腿都很管用。再说，眼下在食物方面我也比它占优势。

这时天黑了，因为在9月里，太阳一落，天马上就黑下来。他背靠着船头上那些磨损的木板，尽量休息个够。第一批星星露面了，他不知道猎户座左脚那颗星的名字，但是看到了它，就知道其他星星不久都要露面，他又有这些遥远的朋友来做伴了。

"这条鱼也是我的朋友，"他说出声来，"我从没看见过或听说过这样的鱼。不过我必须把它弄死。我很高兴，我们不必去弄死那些星星。"

……

是啊，他想。到这时它已经跳了不止12次，把沿着背脊的那些液囊装满了空气，所以没法沉到深水中，在那儿死去，使我没法把它捞上来。它不久就会转起圈子来，那时我一定想法对付它。不知道它怎么会这么突然地跳起来的。敢情饥饿使它不顾死活了，还是在夜间被什么东西吓着了？

也许它突然感到害怕了。不过它是一条那样沉着、健壮的鱼，似乎是毫无畏惧而信心十足的。这很奇怪。

"你最好自己也毫无畏惧而信心十足，老家伙，"他说，"你又把它拖住了，可是你没法收回钓索。不过它马上就得打转了。"

老人这时用他的左手和肩膀拽住了它，弯下身去，用右手舀水洗掉粘在脸上的压烂的鲯鳅肉。他怕这肉会使他恶心，弄得他呕吐，丧失力气。擦干净了脸，他把右手在船舷外的水里洗洗，然后让它泡在这盐水里，一面注视着日出前的第一线曙光。它几乎是朝正东方走的，他想。这表明它疲乏了，随着潮流走。它马上就得打转了。那时我们才真正开始干啦。等他觉得把右手在水里泡的时间够长了，他把它拿出水来，朝它瞧着。

"情况不坏，"他说，"疼痛对一条汉子来说，算不上什么。"

他小心地攥着钓索，使它不致嵌进新勒破的任何一道伤痕，把身子挪到小船的另一边，这样他能把左手伸进海里。

"你这没用的东西，总算干得还不坏，"他对他的左手说，"可是曾经有一会儿，我得不到你的帮助。"

为什么我不生下来就有两只好手呢？他想。也许是我自己的过错，没有好好训练这只手。可是天知道它曾有过够多的学习机会。然而它今天夜里干得还不错，仅仅抽了一回筋。要是它再抽筋，就让这钓索把它勒断吧。

……

我从来没有这样疲乏过，他想，而现在刮起贸易风（信风，又称贸易风）来了。但是正好靠它来把这鱼拖回去。我多需要这风啊！

"等它下一趟朝外兜圈子的时候，我要歇一下，"他说，"我觉得好过多了。再兜两三圈，我就能逮住它。"他的草帽被推到后脑勺上去了，他感到鱼在转身，随着钓索一扯，他在船头上一屁股坐下了。

你现在忙你的吧，鱼啊，他想。你转身时我再来对付你。海浪大了不少。不过这是晴天吹的微风，他得靠它才能回去。

"我只消朝西南航行就成，"他说，"人在海上是决不会迷路的，何况这是个长长的岛屿。"

鱼兜到第三圈，他才第一次看见它。

他起先看见的是一个黑乎乎的影子，它需要那么长的时间从船底下经过，他简直不相信它有这么长。

"不能，"他说，"它哪能这么大啊！"

但是它当真有这么大，这一圈兜到末了，它冒出水来，只有30码远，老人看见它的尾巴露出在水面上。这尾巴比一把大镰刀的刀刃更高，是极淡的浅紫色，竖在深蓝色的海面上。它朝后倾斜着，鱼在水面下游的时候，老人看得见它庞大的身躯和周身的紫色条纹。它的脊鳍朝下耷拉着，巨大的胸鳍大张着。

这一大段对话描写是发生在老人与鱼之间，老人把鱼称为"你"，更能体现老人与鱼进行殊死较量的动态场景，向对手直呼其名的生动性和艺术张力跃然纸上；其次是老人把自己称为你，通过自我对话来表现人物的心理活动——要与鱼进行生死较量的决心和勇气。

海明威为了使文本与读者之间的距离更近，也会用"你"来指代隐含读者，让读者感到被直呼其名。比如《太阳照常升起》中的一段："我这番意思讲不出来，就像我现在说不出来一样。但是如果你有过这种经验，你就明白了。"很显然，此处的"你"就是隐含读者，让读者被直呼其名不仅缩短了文本与故事的距离，而且让读者也更有一种亲近感。

还有一种情况就是，海明威在小说中用"你"来指代叙述者，来表明叙述者的声音。比如《流动的宴会》其实是海明威对自己巴黎生活的回忆录，同时也是一本自传体的小说，他写道："每逢你不得不减少饮食的时候，你必须好好地控制住自己，这样你就不会变得整天想着肚子饿了。饥饿是很好的锻炼，你能从中学到东西。"利用第二人称叙事也有其优点，因为使用第一人称叙事，"我"常常是叙述者，使用第三人称叙事，"他"常常是被叙述者，而使用第二人称，"你"既可以作叙述者，也可以作被叙述者。第二人称叙事把"你"置于故事之中，"你"的叙述实际上就是代表着叙述者的叙述，"你"的使用使读者很快融入故事，在读者的感觉之中，叙述者好像是在与自己对话，更能产生亲切感和认同感，所以第二人称比第一人称更能煽情。

在海明威小说中用得最多的还是第三人称，主要是因为第三人称具有全景叙事的优越性，比如《丧钟为谁而鸣》《打不败的人》《过河入林》《岛在湾流中》等都是用第三人称来叙事的。与第一人称相比，第三人称叙事更客观一些，同时从叙事聚焦来看，第三人称可以采用零聚焦、外聚焦、内聚焦，它既可以从某一个视角又可以从宏观角度来叙述，既能以旁观者的眼光看待事件的发展，又可以进入人物内心了解人物的心理活动，这样叙事文本与读者的距离既可以拉大，也可以缩小，收放自如。现以《打不败的人》片段来分析第三人称叙事特点。

又是一下冲撞，他只觉得自己给猛地一下顶了回来，重重地摔倒在沙地上。这次可没机会踢了。牛在他上面。曼纽尔躺在那儿，像死了似的，头伏在胳臂上，牛在抵他。抵他的背，抵他那埋在沙土里的脸。他感觉到牛角戳进他交绕着的胳臂中间的沙土里。牛抵着他的腰。他把脸埋进沙土里。牛角抵穿他的一个袖子，牛把袖子扯了下来。曼纽尔给挑了起来甩掉了，牛便去追披风。

曼纽尔爬起身，找到剑和红巾，用拇指试了试剑头，跑到围栏那儿去换一把剑。

雷塔纳的那个手下从围栏边沿上面把剑递给他。

"把脸擦干净。"他说。

　　曼纽尔又朝牛跑过去，用手帕擦着被血染污的脸。他没看见舒里托。舒里托在哪儿呢？

　　斗牛队已经从牛那儿走开，拿着披风等着。牛站在那儿，在一场搏斗以后，又变得迟钝和发呆了。

　　曼纽尔拿着红巾朝它走去。他停住脚步，挥动红巾。牛没有反应。他在牛嘴跟前把红巾从右到左，又从左到右地摆动。牛用眼睛盯着红巾，身子跟着红巾转动，可是它不冲。它在等曼纽尔。

　　曼纽尔着急了。除了走过去，没别的办法。又快又准。他侧着身子挨近公牛，把红巾横在身前，猛地一扑。他把剑扎下去的时候，身子往左一闪避开牛角。公牛打他身边冲过去，剑飞到了空中，在弧光灯下闪闪发光，带着红把儿掉在了沙地上。

　　曼纽尔跑过去，捡起剑。剑折弯了，他把它放在膝头上扳直。

　　他朝牛奔过去。这会儿牛又给镇住了。他从手里拿着披风站在那儿的埃尔南德斯面前经过。

　　"它全身都是骨头。"那小伙子鼓励他说。

　　曼纽尔点点头，一边擦擦脸。他把血污的手帕放进口袋。

　　公牛就在那儿。它现在离围栏很近。该死的牛。也许它真的全身都是骨头。也许没什么地方可以让剑扎进去。真倒霉，没地方！他偏要扎进去让他们瞧瞧。

　　他挥动着红巾试了试，公牛不动。曼纽尔像剁肉似的把红巾在公牛面前一前一后地挥动着。还是一动不动。

　　他收起红巾，拔出剑，侧身往牛身上扎下去。他感到他把剑插进去的时候，剑弯了，他用全身力量压在上面，剑飞到了空中，翻了个身掉进观众当中。剑弹出去的时候，曼纽尔身子一闪，躲开了牛角。

　　黑地里扔来的第一批座椅没打中他。接着，有一个打中他的脸，他那血污的脸朝观众看看。座椅纷纷扔下来，散落在沙地上。有人从附近扔来一个空的香槟酒瓶。它打在曼纽尔的脚上。他站在那儿望着扔东西来的暗处。接着从空中呼的一声飞来一样东西，擦过他身边，曼纽尔俯身把它捡起来。那是他的剑。他把剑放在膝头上扳直，然后拿着它向观众挥了挥。

"谢谢你们，"他说，"谢谢你们。"

呸，这些讨厌的杂种！讨厌的杂种！呸，可恶的、讨厌的杂种！他跑的时候，脚底下给一个座椅绊了一下。

公牛就在那儿。跟以前一样。好吧，你这讨厌的、可恶的杂种！

曼纽尔把红巾在公牛的黑嘴跟前挥动着。

牛一动不动。

你不动！好！他跨前一步把杆子的尖头塞进公牛的潮湿的嘴。

他往回跳的时候，公牛扑到他身上，他在一个座椅上绊了一下，就在这时候，他感到牛角抵进了他的身子，抵进了他的腰部。他双手抓住牛角，像骑马似的往后退，紧紧抓住那个地方。牛把他甩开，他脱身了。他就一动不动地躺着。这没关系。牛走开了。

他站起身来，咳嗽着，感到好像已粉身碎骨，死掉了似的。这些讨厌的杂种！

"把剑给我，"他大声叫道，"把那东西给我。"

富恩台斯拿着红巾和剑过来。

埃尔南德斯用胳臂搂着他。

"上医务所去吧，老兄，"他说，"别做他妈的傻瓜了。"

"走开，"曼纽尔说，"该死的，给我走开。"

他挣脱了身子。埃尔南德斯耸耸肩膀。曼纽尔朝公牛奔去。

公牛站在那儿，庞大而且站得很稳。

好吧，你这杂种！曼纽尔把剑从红巾中抽出来，用同样的动作瞄准，扑到牛身上去。他觉得剑一路扎下去。一直扎到其护圈。他的手指都伸进了牛的身子，鲜血涌到他的指关节上，他骑在牛身上。

他伏在牛身上的时候，牛踉踉跄跄似乎要倒下；接着他站到了地上。他望着，公牛先是慢慢地向一边倒翻在地；接着突然就四脚朝天了。

然后他向观众挥手，他的手刚给牛血暖得热乎乎的。

好吧，你们这些杂种！他要说些什么，可是他咳嗽起来。又热又闷。他低头望望红巾。他得过去向主席行礼。该死的主席！他坐了下来，望着什么。那是公牛。它四脚朝天，粗大的舌头伸了出来。肚子上和腿底下有什么东西在爬。毛稀的地方有东西在爬。死牛。让牛见鬼去吧！让这一切都见鬼去吧！他挣扎着站起来，又开始咳嗽了。他再坐下来，咳嗽着。有人过来，扶他站直。

他们抬着他，穿过场子到医务所去，带着他跑过沙地，骡子进来的时候，他们在门口给堵住了，然后拐进黑黑的过道。把他抬上楼梯的时候，人们不满地咕哝着，最后他们把他放了下来。

医生和两个穿白衣服的人正等着他。他们把他放在手术台上，给他剪开衬衣。曼纽尔觉得很疲乏。他整个胸腔感到发烧。他咳嗽起来，他们把一样东西放在他嘴跟前。人人都十分忙碌。

一道电灯光照着他的眼睛。他把眼睛闭上了。

从这些文字可以看出第三人称叙事的优势：既可以从曼纽尔的角度描述他的内心活动，又可以以旁观者的角度叙述斗牛场景，把读者也带入其中，同时又可以通过内聚焦，进入曼纽尔的内心世界，以曼纽尔的视角看待斗牛比赛，让读者也参与斗牛过程，让文本描写更生动、扣人心弦。同时，进入了曼纽尔的内心世界，可以使用曼纽尔非常个性化的语言，更能突出人物的性格特点。

叙事聚焦

所谓叙事聚焦，其实就是指用什么样的人物口吻来进行叙事，是以故事外的人物还是故事内的人物，也就是叙述者所站的位置、叙述者与故事的关系。"聚焦"也就是谁在看的问题，是一种"视角"。热奈特把聚焦分为三种，即"零聚焦、内聚焦和外聚焦"。托多罗夫首创并由热奈特推广了一条公式"叙述者＞人物"。

所谓"零聚焦"，就是指叙事者就像空中飞鸟俯瞰脚下能洞悉一切，能洞察人物内心，对整个故事的发展明察秋毫，能随心所欲地把握文本与读者的距离。但是全知全能的评论又会破坏叙事的自然感和真实度，有时大段的独白会给叙事带来人工的痕迹。比如海明威的《丧钟为谁而鸣》，叙述者对人物罗伯特·乔丹的心理活动了如指掌，以全知的声音进行叙述。零聚焦的叙事者的观察位置处于故事之外，不但知道人物的现在和过去，甚至还知道早已作古的人物的故事细节，而且还像 X 光一样知道人物的内心想法和感受。

"内聚焦"指的是聚焦对象就是故事中人物，这种人物可以是一个，也可以是多个。整个叙事是以故事中人物的口吻和角度进行的，可以简化为"叙述者＝人物"。学者申丹认为："迄今为止，除了第一人称中的经验视角，小说中所使用的'内聚焦'，都是'第三人称内聚焦'。"比如海明威的《丧钟为谁而鸣》总体上用的是第三人称叙述，作者叙事情景，但是在展现主人公乔丹心理活动时，作者用了内聚焦。如："我知道，因为至今我已经觉得有三次要昏过去，但我熬了过来。"这一段用的是内部聚焦，采用了自由直接引语，人称由第三人称"他"过渡到第一人称"我"，变成了乔丹自己的口吻，读者不需要叙述者的转述就能感觉到那种身临其境的氛围，拉近了读者与文本的距离，增强了文本的艺术张力和感染力。

另外，海明威小说《我的老头儿》就是以老人的儿子"我"进行第一人称内部聚焦进行叙述的。"我"既是整个故事的参与者，同时也是整个文本的叙事视角。内聚焦有利于让读者身临其境，亲自感受现场的气氛，从而增加叙事的生动性。

"外聚焦"指的是游离于故事之外的聚焦，叙述者没有参与到故事发展之中，叙述者知道的内容要远远小于故事中人物所知道的，可以理解为"叙述者＜人物"。外聚焦虽然使读者无法知道故事中人物的心理活动，但是却能从特定的角度了解人物。外聚焦没有叙述者的直接介入，让读者看到的只是一幕幕的场景，让读者有身临其境的感觉，但是叙述者过于隐蔽，使读者与故事情节之间的距离过于疏远，常常以旁观者的角度冷静地关注着事件的发展，很难与人物共鸣。海明威的《弗朗西斯·麦康伯短暂的幸福生活》就是典型的通过外部聚焦来进行有限叙事的。比如，玛戈特瞄准野牛却打死了自己的丈夫，然后她与猎人威尔逊谈话：

"干得真漂亮。"

"别说啦。"她说。

"当然了，这是无心的，"他说，"我知道。"

"别说啦。"她说。

……

"别说啦，别说啦，别说啦。"那女人叫道。

……

"噢，请别说啦，"她说道，"请别说啦。"

这段话是典型的外聚焦叙事，玛戈特对杀人既不承认也不否认。根据前面的铺垫，麦康伯在看见受伤的狮子朝他自己冲过来的时候选择了逃跑，结果被他的妻子当成了懦夫和胆小鬼，当晚他的妻子钻进了别人的被窝，麦康伯受到了羞辱。在第二天枪杀野牛的时候分外地勇敢，却遭到了妻子的杀害。麦康伯到底是被误杀还是被有意杀害一直以来争论不休。之所以含混不清，一方面，与作者以外部聚焦的写作手法有关，如果作者采用内部聚焦来描写玛戈特的心理活动，那么就真相大白了；另一方面，海明威常常采用一种开放式的描述，可以理解为是对读者的批判能力过高估计了；这也与海明威所践行的冰山创作原则是一致的。可见第三人称叙事也具有缺陷，那就是如果人物本身不开口，作为旁观者，人物的心理活动是不知道的。外聚焦直接呈现对象、叙述者不参与评论，这与现象学提倡的直接呈现对象、去除现象身上的色彩、主观因素和历史环境，最大可能呈现现象的客观性是一致的，可以说外聚焦是现象学在叙事艺术方面的有效运用。海明威的其他很多作品，如《白象似的群山》《五万美元》等都是外聚焦叙事，叙述者都只是忠实地记录了现实，客观地呈现了场面。

叙事方式

所谓叙事方式，就是对小说故事进行"讲述"和"展示"。讲述一般有两种情况，一种是对故事的叙述；一种是叙述者的评论。前者是让读者对故事有所了解，后者是让读者知道叙述者对事件的看法，可以增加文章的议论性和思想性。而展示是叙述者作为一个忠实的记录者记录所看到的场景，没有加入叙述者的主观评论，这样从叙事文本的角度来看能增加文本的客观性和真实感。对于讲述而言，由于叙事的人为性较为明显，读者常常会跟着叙述者的声音去跟踪故事，从而体现出叙事的时间性；对于展示而言，由于展示者的缺失，整个场景呈现出客观性，体现的是场面的立体感，故能体现叙事的空间性。而对于任何事件，必须处于一定的时间和空间之中。"讲述"和"展示"这两种叙事手法各有侧重。海明威的作品总的来说，运用展示的手法多，讲述的手法少，这与海明威的个性特点和写作风格紧密相关。而对于讲述，海明威努力概括，尽量让语言呈现简洁精练的特点。为了抹去叙述者的痕迹，海明威常采用展示的手法，尽量体现故事本身的客观性。

简洁化

简洁化是欧洲传统小说的写作模式，作者常常采用叙述者全知的叙事手法，事无巨细都要向读者交代。而海明威的叙事方式与他们却不一样，他喜欢简洁、干练和单刀直入的写法，把人物的身世背景全都略去，而且常常直接写眼前的事情，突出重点。比如写《太阳照常升起》中的那一群及时行乐的青年，他们的家庭背景怎么样、出生环境怎么样、教育程度怎么样等我们一概不知，因为作者认为这些不是小说所要表达的内容，因此就全部略去。海明威的创作特点就是只显露冰山的一部分，更丰富的内容是藏在冰山之下的，需要读者自己去发掘。海明威并不欣赏狄更斯和巴尔扎克式的叙述模式，他学习的重点是马克·吐温和福楼拜，尤其是学习福楼拜的客观冷静和无动于衷的叙述态度，学他简练的文风和内部聚焦的写作手法。

客观性

海明威的小说文如其人，简洁、干练、客观，很少加入作者的主观评论，不爱议论抒情，常常是通过刻画人物和人物的对话让读者自己去评述。这就是海明威叙事客观化的风格。要取得客观叙事的效果，海明威常常采用的是"展示"手法，通过人物本身去"展示"而表现出自己的性格，而要展示人物性格，抹去叙述者的痕迹，最好的办法就是通过人物的对话。让读者身临其境，这种情况下，叙述者的影子消失了，只存在故事中的人物，因此读者与文本的叙事距离为零或者无限趋近于零。正如评论者指出：
"海明威小说的含蓄主要表现在作者倾向的隐秘性上。"海明威深知这一
点，在使用人物对话时，甚至导入语和介绍语都不用。比如他的《丧钟为
谁而鸣》中的人物对话：

"在手上看出了什么，"乔丹问，"我不相信手相，你吓唬不了我。"

"没什么，我看不出什么。"

"不，你是看出来了。但是我不信这一套。"

"那你相信什么？"

"很多事，但不信这一套。"

"相信什么呢？"

"相信我的工作。"

这段对话，海明威处理得如飞岩瀑布，没有半点停留，直泻而下，气
势贯通，除了"乔丹问"之外，其余部分没有加任何评论语和导入语，拉
近了叙事的距离。从这段人物本身的对话中我们可以看出故事中两个人物
的性格特点。比拉尔从手相中已经看出乔丹即将牺牲的预兆，可是她心地
善良又不愿告诉乔丹真相，而乔丹不相信命运和手相的唯物主义思想，以
及勇于献身反法西斯战争的精神也跃然纸上。可见这种通过客观的对话描
述对于刻画人物性格也非常重要。同时，上文引用的《弗朗西斯·麦康伯
短暂的幸福生活》中的人物对话也是采用的这种客观叙事模式。

这也是海明威小说中的人物对话和其他作家小说中人物对话的区别。
其他作家在人物对话之间常常加入一些导入语或者加入表示人物说话时情
态、语气等副词修饰语成分；另外，对于对话的排列，其他作家也常常把
人物对话与其他叙述和描写混在一起，而海明威常常把对话单独成行，让
行文的气势一贯到底，使文章如行云流水，酣畅淋漓。海明威不愧是叙事
艺术的高手，通过对他小说中叙事人称、叙事聚焦和叙事方式的分析，可

以帮助我们了解到他小说的精湛和高明之处。当然，叙事情景中的人称、聚焦和方式是可以相互交织的，比如，叙述者可以采用第一人称内聚焦的方式客观叙述，也可以采用第三人称外聚焦的方式客观叙述，海明威的作品都是对这几种方式结合使用，同时不停变化的。比如由内聚焦可以转变为外聚焦，第一人称可以转化为第三人称，一般间接引语可以变成自由直接引语。通过对叙事情景的演绎，海明威构筑了一个个变化莫测的瑰丽的小说世界，同时也导演了一场场精彩的人生戏剧，他获得诺贝尔奖的理由是他"精通现代叙事艺术"，的确是实至名归。

海明威作品的艺术风格

海明威是美国现代著名作家。英国小说家、短篇小说研究者赫·欧·贝茨曾评价海明威的创作："如果说安德森终止了按简便现成的定型化老办法来写小说的话，那么海明威则是砸碎了美国短篇小说曾经用来排印的每一粒早已面熟的铅字，给小说另刻了一套它从未见过的严谨的、革新的、又是堪称典范的铜模。"可以说，海明威的写法引起了一场文学革命。他的艺术风格也是独树一帜的。

含蓄、深沉

海明威是个创造个性十分鲜明的小说家，他著名的"冰山原则"，强调省略，留给读者充裕的想象空间。从这一创作主张出发，便形成了海明威在艺术表现上特有的含蓄、深沉的风格。这种含蓄深沉，首先体现在作品主题的表现上。海明威小说多冷峻而客观的叙述，而甚少有作者自己的议论。故事情节的演变发展与主题联系也不很紧密，因此，他的作品真正的主题，多潜于"水下"，不做深入的发掘，是难于把握的。如《永别了，武器》这个长篇小说，表面上看，是写主人公亨利不堪忍受战争的残酷，毅然向武器告别，做了逃兵；和凯瑟琳逃到风光旖旎的瑞士，过着田园诗式的生活，但好景不长，爱人在难产中死亡。这是一个反战的主题，写主人公亨利的厌战情绪和反战思想。但反复品味就会发现作品还有另一个潜在的重大主题，那就是战后青年的出路和归宿问题，亨利不知自己将向何方，战争使他失去了安宁和爱情，而和平也不能给他带来任何幸福，未来的出路仍然渺茫不可见。他抚今追昔，惘然若失，是"迷惘的一代"的代表。

契诃夫曾经指出，"一个人写得越冷静越不露声色，作品产生的感情可能越深刻动人"。《太阳照常升起》的主要价值也就是在于它的"潜台词"，亦即潜在"水下"的主题。小说中的人物过着病态的畸形生活，没有理想，没有光明，他们也是回顾过去感到一片漆黑，展望未来看到的是满天阴霾，只能在昏暗中沉浮，在绝望中挣扎，巴恩斯和勃莱特作为资产阶级青年一代的代表，既是帝国主义战争的受害者，又是腐朽没落的资本主义精神文明的产物。因此，小说的"潜台词"就在于对帝国主义战争和资本主义社会危机的揭露。海明威小说的潜在主题并不体现在情节发展的逻辑中，而是隐藏在所描写的生活画面之外，比较隐晦，不易被读者体会。

作者的含蓄深沉，还表现在人物形象的塑造上。海明威笔下的人物，多是一些外延小而内涵大的人物，这样的人物形象看似单纯，实则丰富复杂。如短篇小说《弗朗西斯·麦康伯短暂的幸福生活》中麦康伯，在表面的平板口吻之下，就潜伏着他的精神品质。那就是美国大资产阶级人士的生活空虚。麦康伯尽管有钱，周游全球，他的精神世界却极为狭窄，他只知道摩托车，知道汽车，知道打野鸭，知道钓鱼，知道书上的性爱故事，知道牢牢抓住他的钱……此外，他"真正知道的事情"就"极少"了。而他的妻子那样的女人则是"世间最狠心的了；最最狠心，最最残酷，最最劫掠成性"。后来玛戈特亲手开枪打死丈夫，更是证实了这一点。然而麦康伯这两口子还以"比较幸福的一对夫妻闻名"。在美国这个繁荣社会的富足家庭里，就有这种感情上的沙漠。

又如中篇小说《老人与海》的主人公圣地亚哥，从其身份和从事的职业看，不过是个劳苦辛勤、饱经沧桑的普普通通的贫苦渔夫，而实际上，作者是把他当作一个寓言性的人物来加以表现的。圣地亚哥是生活中不幸的失败者，他接二连三的背运，甚至他那张用好多面粉袋补过的旧帆，看上去像一面永远失败的旗帜。就干活儿来说，老人的神智依然清爽，但已蒙上岁月的迷雾，这雾霭倒使他的日子更容易混一些。"他不再梦见风暴，不再梦见女人，不再梦见伟绩，不再梦见大鱼，不再梦见搏斗，不再梦见角力，不再梦见他的老婆。"除了操心每天的面包，跟那小男孩聊聊棒球，还梦见遥远非洲的狮子之外，什么也没剩下。但老人却依旧我行我素。他出海捕鱼84天仍一无所获，经过三天三夜的奋斗终于捕得了一条大鱼，又在回来的途中被鲨鱼吃得精光，返港时只剩下了一副骨架，在同大自然的斗争中，圣地亚哥是失败了。但是，他在精神上却始终是个强者，在追捕大鱼时，甚至不自量力地扬帆大海，他明知无望，却倔强地保卫他所捕到的大鱼，不让它被鲨鱼吃掉。老渔人虽然在挣扎，他并不感到沮丧，在苦斗中他还喊着"人不是生来给打败的"，喊着"你尽可能把他消灭掉，可就是打不败他"。尽管连遭失败，仍毫不气馁，从不抱怨生活对他的残酷和不公正，更不乞求别人的怜悯和同情。他总是一个人在茫茫无际的大海上孤零零地战斗。他虽然战败了，但很快就振作起来，准备投入新的战斗，他渴望战斗。甚至在梦里也梦见"狮子"，充分显示了他对胜利与未来的热烈向往。他作为老人，深知自己失败的必然，但仍能保持乐观主义精神。他虽然是个普普通通的渔夫，但他具有顽强不屈的意志，坚韧不拔的毅力和勇于拼杀，蔑视痛苦、死亡的非凡品质。他的形象是勇敢和坚毅精神力量的象征。他与鲨鱼在海上的那场肉体上和精神上的搏斗象征着人类与大自然的斗争，而最后的胜利者是人而不是凶险的大自然。

海明威写作态度极其严肃，十分重视作品的修改。他每天开始写作时，先把前一天写的读一遍，写到哪里就改到哪里。全书写完后又从头到尾改一遍；草稿请人家打字誊清后又改一遍；最后清样出来再改一遍。他认为这样 3 次大修改是写好一本书的必要条件。他的长篇小说《永别了，武器》初稿写了 6 个月，修改又花了 5 个月，清样出来后还在改，最后一页一共改了 39 次才满意。《丧钟为谁而鸣》的创作花了 17 个月，脱稿后天天都在修改，清样出来后，他连续修改了 96 个小时，没有离开房间。他主张"去掉废话"，把一切华而不实的词句删去。最终他取得了成功。

海明威每天早晨 6 点半，便聚精会神地站着写作，一直写到中午 12 点半，通常一次写作不超过 6 个小时，偶尔延长两小时。他喜欢用铅笔写作，便于修改。有人说他写作一天用 20 支铅笔，他说没这么多，写得最顺手时一天就用了 7 支铅笔。海明威在埋头创作的同时，每年都要读点莎士比亚的剧作，以及其他著名作家的巨著；此外还精心研究奥地利作曲家莫扎特、西班牙油画家戈雅、法国现代派画家谢赞勒的作品。他说，他向画家学到的东西跟向文学家学到的东西一样多。他特别注意学习音乐作品基调的和谐和旋律的配合。所以他的小说情景交融浓淡适宜，语言简洁清新、独创一格。

精练、简洁

精练、简洁是海明威艺术风格上的另一个突出的特点。海明威还告诫初学者："一切蹩脚的作家都喜欢史诗式的写法。"他不赞成逐节铺陈而讲究意境，宁可留下很多空间也要突出人物的动作和神态，让读者用自己想象去填补空白的天地。他尊奉美国建筑师罗德维希的名言："越少，就越多。"精练、简洁主要是体现在作者的语言艺术上，海明威的小说言简而意赅，擅长以有限的文字表现较为复杂的思想内容。

　　海明威所孜孜以求的，是眼睛和对象之间，对象和读者之间，直接相通，产生光鲜如画的感受。为了达到这个目的，他斩伐了整座森林的冗言赘词，他还原了基本枝干的清爽面目。他删去了解释、探讨，甚至于议论，砍掉了一切花花绿绿的比喻，清除了古老神圣、毫无生气的文章俗套，直到最后，通过疏疏落落、经受了锤炼的文字，一张画已经告成："埃布罗河河谷的那一边，白色的山冈，起伏连绵。这一边，白地一片，没有树木，车站在阳光下两条铁路线中间，紧靠着车站的一边，是一幢笼罩在闷热的阴影中的房屋，一串串竹珠子编成的门帘挂在酒吧间敞开着的门口挡苍蝇。"

　　下面完整地画出了一个人，连带背景：

　　"一个戴钢丝边眼镜的老人坐在路旁，衣服上尽是尘土。河上搭着一座浮桥，大车、卡车、男人、女人和孩子们在涌过桥去。骡车从桥边蹒跚地爬上陡坡，一些士兵帮着推动轮辐。卡车嘎嘎地驶上了斜坡就开远了，把一切抛在后面，而农夫们还在齐到脚踝的尘土中踯躅着。但那个老人却坐在那里，一动也不动。他太累，走不动了。"

　　描绘的这些画面跟原来生活中一样自然。没有矫饰的企图。没有外加的粉彩，没有戴上玫瑰色的眼镜，没有比喻，凡是可能遮住景象的障碍或者关于景象起于何时的说明被坚决无情地一脚踢开。

　　但是海明威这样的净化文风，还不限于写景的范围。在他以前的一个世纪，长篇小说的对话向来都给"一大套精雕细镂的老规矩压得东摇西摆，迈不开步"。代替它的，只是他自己靠选词适当来促人联想的本领，以及文字的先后顺序——不管角色心里所感觉的，谈话中所吐露的是愤怒、遗憾、绝望还是柔情，说得是快还是慢，是意在嘲弄，还是表示痛恨。一切语调和情绪都隐含在似乎偶然间仓促做出的字句安排中海明威对读者唯一的请求，就是同他合作，把握住这些语调和情绪。

这种写法的一个范例可以从著名短篇《白象似的群山》中看到。在那个短篇里，一个男人带着一位姑娘到马德里去让她做一次违法的手术。全篇根本没有提这件事，没有讲姑娘的恐惧和辛酸，其实也没有讲任何别的感受。这对男女在路过的车站等待开往马德里的快车。天气很热，他俩喝啤酒、说话。对于姑娘来说，有什么东西毁了，不但她的过去，而且她的将来都是这样。她是吓坏了。这个短篇是海明威或者其他任何人曾经写出的最可怕的故事之一。可是在这个主要由对话构成的短篇里，海明威自始至终没有做丝毫努力来影响读者们的思想、印象、结论，他一顷半刻也不挤到对象和读者当中去碍事。但海明威是个情感很深的作家。在貌似精练、简洁、粗硬、枯燥的文风外壳下，却流动着极其深沉的节奏，宛然炽热的火山熔岩。

海明威说："不管他有多好的一个词儿，或者多好的一个比喻，要是用在不是绝对必需除它无可替代的地方，那么他就因为突出自己而毁坏了他的作品。"这也说明海明威对字句的推敲是十分讲究的。

《杀人者》中的对话和叙述完全是由简短的单句或者并列的单句组成的。全篇没有复合的长句，形容词用得很少，即使使用也都是准确有力的简单字。句子和段落严格地按照动作和事件的先后排列。这仿佛是一棵大树旁枝蔓叶都被削剪了，只留了主要的干条。但怎样削，怎样剪，削哪些，剪哪些，显然经过了园艺匠人的精心安排。正是在这种匠心独运的艺术剪裁中蓄含了无尽的深意，留下了让人回味的余地，形成了他独特的风格，试看两个匪徒吃饭时的情景：

他（麦克斯）探身向前拿了火腿蛋。两个人都戴着手套吃饭。乔治在一旁瞅着他们吃。

"你在看什么？"麦克斯望着乔治说。

"不看什么。"

"浑蛋，你是在看我。"

这里除了几个单句之外，就是直截了当的对话，大量的内容被削减了，两个匪徒吃饭，乔治在一旁默默地看看。匪徒们吃饭不脱手套必有原因，乔治冷眼旁观却也不无深意。这一"吃"一"看"中就大有文章。读者不仅想象得出一"吃"一"看"者的神态，而且可以从那平缓的叙述中嗅得出当时双方互相戒备、互相试探的紧张气氛。随后的几句话虽然打破了沉寂，却反而把敌对情绪向前推进了一步，造成了悬念，包含了许多潜台词，收到了以"最少"表达"最多"的艺术效果。

总之，海明威那含蓄、深沉、精明、简洁的艺术风格为千千万万读者所称道。大洋两岸曾经拥有大批追随者和模仿者，在欧美文坛上的影响至今不衰。曾经有人问他："您简洁风格的秘诀在哪里？"他就简单地回答说："站着写！"在海明威写作时，有一个常人所没有的习惯，这就是站着。他说："我站着写，而且用一只脚站着。我采取这种姿势，使我处于一种紧张状态，迫使我尽可能简短地表达我的思想。"难怪美国最有影响的文艺批评家爱德蒙·威尔逊说："他在艺术性上已臻于炉火纯青的境界，就像是深水中的一束晶莹的光柱。"

第四部分　主要作品分析

不同的青春，同样的迷惘。然而，青春会成长，迷惘会散去。黑夜过后，太阳照常升起！

《太阳照常升起》

《太阳照常升起》是海明威的第一部长篇小说，也是他的成名作。

这是海明威的第一部长篇小说，作者借此成为"迷惘的一代"的代言人，并以此书开创了海明威式的独特文风。

在这部小说中，主人公巴恩斯在大战中受伤，此伤让他不能与他所爱的女人在一起正常地生活，而且更要命的是，他爱的这个女人又天性风流，向往自由和享受，她叫勃莱特。勃莱特认为巴恩斯非常可爱，巴恩斯更是对勃莱特爱之入骨，他们很早就认识，但是现实却让他们无法在一起生活。小说开始的时候，勃莱特就已经离过两次婚，这是两次都不幸福的婚姻，而且还都是巴恩斯只能眼睁睁默许的，然后正想结第三次婚，小说的故事也就在这个时间段里依次展开。首先从这个小说空空的框架里，我们就可以想象巴恩斯心里应该具有的复杂滋味，这里有内疚，有隐痛，有妒忌，有失意，有孤独，有无奈，有苦恋，有空虚，有屈辱，有禁锢了精神并使之痛苦的东西，而这种种复杂滋味也就是海明威要隐匿下的那"八分之七"的冰山部分。读这部小说如果没有先认同一下巴恩斯的感受，那么你去读这部小说中巴恩斯与其他人的所有的酒桌前的闲言碎语都会觉得平淡无味。而这小说中有八分之七又是由这样的"闲言碎语"所构成。

海明威的小说真正让读者热爱的到底是什么？

海明威小说的魅力首先是在他对人心的洞察力上，这表现在他的角色塑造上，他的角色正像人们都知道的就是一个"打不垮的人"，但是仅仅说他打不垮，那还不能完全解释他何以让人崇拜有加，其实这个"打不垮的人"的本质不是拒绝向命运低头，而是拒绝命运被一小撮人操纵。普通的人会认为，我们的命运仅仅是上帝安排的或自己创造的，但是却意识不到它有时是被一小撮人操纵了的。意识不到的人会乐于向命运低头（又能怎么办）。但是一旦人意识到了，那他就会气愤难忍，而海明威的这个"打不垮"的形象，也正是从这种认识中脱胎出来的。对"上帝"低头，对自己的选择认输，这无损真汉子的光荣，但是任由别人插手自己的命运，这就不可忍受。这些人总把手插在你的钱袋里，把脚踩在你的肩膀上，把路修在你的土地上，或者总是要求你为他们的事业献身，然后赏给你一个你再也无法享用的东西。只有在这种人面前，这个"打不垮"的形象才具有真正的价值，才真的知道"自由"和"独立"到底是什么东西。

在这篇小说里，围绕着这个"打不垮"的形象塑造的其实是 3 个人，一个是巴恩斯，一个是犹太人科恩，一个是勃莱特的最后一个男朋友罗梅罗（他是一个斗牛士）。在巴恩斯身上，我们首先看到一个安于命运的人，这是个被天意命运"打败了"的人，但是他对爱情和生活是不屈服的，但这是他的"败而不垮"。当然，仅仅是这一点并不能说明什么东西，但是他的形象只有投射到那个追求勃莱特的犹太人科恩身上，才会显现"打不垮"的真谛。科恩这个人，我们首先看到的是一个生活得意的人，但是他最后不仅垮掉了，而且垮掉得丑陋无比。他虽然把巴恩斯揍晕了，把罗梅罗打得爬不起来，但是在勃莱特、巴恩斯和罗梅罗他们眼里，科恩却一败涂地。最后，他只好灰溜溜地走了。他是一个不折不扣的爱情奴隶，他不是被天意命运击败的，而是被勃莱特这个人击败的，而勃莱特之所以能击败科恩，是因为他本身就是个可以轻易被任何人击败的、一个可怜的家伙而已。正是从他身上才反衬出巴恩斯对生活的认识，对打不垮的精神的认识。而罗梅罗这个人，海明威用他与科恩（前拳击冠军）的决斗把那种"打不垮"的精神展现得更彻底。决斗那一段写得简直太精彩了。一个是斗牛士，一个是拳击手，斗牛士用斗牛的那种不屈精神面对拳击手的凶悍。最后的结局是：拳击手比公牛难斗，斗牛士比拳击手顽强。也就是说"打不垮"的本质不是凶悍而是顽强（海明威最喜欢的两个主题"拳击"和"斗牛"在这本小说里发生了撞击）。从这里看，海明威对人性的洞察力就很让人着迷。

当然，这仅仅指出海明威对人性的洞察力，另外海明威讲故事的技巧也是非凡的。科恩这个人的心理在这个小说中被他从头抓到尾，仅仅这一点，就非常不简单，小说中对科恩和勃莱特之间发生的事没有一点正面的描述，但是却让读者感到非常清晰，就仿佛海明威在小说里全都讲过。而这只是因为他在描述科恩那些怪异的行为时描述得非常真实，太真实了。为什么会这样？这是因为，就像是模特的眼窝越深画家才越能表现人脸的体积一样，正因为科恩怪异的行为怪得很，所以才使这事更真实——当然，这也是这本书的趣味所在，其他说了都有点虚。

最后，把海明威关于"冰山理论"的一句话作为本文的结尾：如果一个散文作家充分了解他所写的东西，那他就可以省略他和读者都了解的东西；"如果这个作家写得极为真实，那他会强烈地感觉到那些东西，就仿佛作家已经讲述了它们。"（《午后之死》）这就是他"冰山理论"的另一种表达。他的"冰山理论"包含太多的意义。上面这句话里最重要的一个词就是"极为真实"，而要做到"极为真实"，需要一些聪明才智，就像生活也需要聪明才智。海明威真正的迷人之处在于他绝不仅仅是一个打不垮的汉子，而是一个无论生活还是写作中都散发着既聪明又老练、既谨慎又叛逆、既认真又玩世不恭魅力的老男人（书里的巴恩斯也是这样的人）。而这种人在我们这里还暂时没有出现过，我们这里的人老了，总是变成一个个"天真的"匹夫有责的遗老们，那些干枯的人。

《永别了，武器》

海明威所处的时代，是一个充满着动乱、战争危机的时代，一个精神文明处于"荒原"状态的年代。在世纪交替的时候，美国人曾经满怀希望，整个社会都在做着一场"美国梦"。然而，他们在等待中迎来的是 1914 年帝国主义列强瓜分殖民地和抢夺世界市场的第一次世界大战。美国卷入战争的时候，有不少青年人像海明威一样，相信了统治阶级的欺骗宣传，认为这是"拯救世界民主"的"最后一战"，渴望着投入战场，去恪守自己的"义务"和"责任"，当一名英雄。但是，他们从严峻的现实中发现，现实与梦想是迥然不同的。美国资产阶级在战争中发了财，而普通人在精神上失望了，他们由于幻想破灭而感到痛苦，社会上普遍产生了厌世情绪。对于一代年轻人来说，离乡背井的军队生活，相互屠杀的战争使他们从肉体上和精神上都受到不同程度的伤害。帝国主义战争向他们呈现出一幕幕枪林弹雨、血肉横飞的景象，把他们先前接受的传统观念、伦理道德和宗教信仰一扫而光。有许多人感到自己兴冲冲地投入战争乃是极大的错误。他们失去了生活目标，看不到生存的价值和意义。

海明威本人在战争中是一名"英雄"。他在救护队服役时遇到炸弹爆炸，腿中了 237 块弹片，还挣扎着救护伤员，因此获得了勋章。家乡的人们把他当作英雄来欢迎。然而，他回到家以后，什么都不想干了。他无所事事地在家中待了一段时间后，就去了巴黎，生活在一个毫无目的的世界里。但是，作为一个参加过这场战争并身负重伤的人，不直接描写这场战争似乎不能使他感到满意。离开战争 10 多年来，海明威时刻都没有忘掉他在意大利前线的日日夜夜，那次爆炸对他的影响太深了。经过 10 年的休养生息，海明威痛定思痛，觉得自己直接描写这场战争的条件成熟了。让我们掀开这一页历史，去探索造就一代人"迷惘"的社会根源。

在《永别了，武器》这部脍炙人口的小说中，海明威以出色的笔法，描写了一对青年恋人在第一次世界大战炮火中的悲剧性遭遇。战争期间，美国青年亨利在意大利军队担任中尉，他腿部受伤后去米兰治疗，结识了英国女护士凯瑟琳。亨利在凯瑟琳的细心照顾下恢复了健康，他们之间由此产生了真正的爱情。亨利伤好后返回前线，正赶上敌军的反攻，意军败退。亨利在撤退的路上因有外国口音被意大利保安队误认为是德国间谍。他被抓且要枪决，但他找了个机会跳水逃脱了。冰凉的河水使亨利清醒了。在战争中他受过伤，又失掉了汽车和伙伴，这些都使他够难受的了。可是现在，又因为他不会讲意大利语竟被自己的军队怀疑为间谍而要枪毙，这样，他对军队的厌恶和反感就达到了极点。他决定逃离这场荒谬的战争。他说："我不干了，这已经不是我的战争了。"他找到凯瑟琳，两人一起逃往中立国瑞士，过了一段幸福愉快的生活，但凯瑟琳最终还是因为分娩难产而离开了人间。亨利伤心到了麻木的程度，在医院告别了"石像似的"凯瑟琳，孤零零地走回旅馆。亨利要到哪里去呢？他自己也不知道。他与武器、战争永别了，与爱情永别了。战争使他失去了一切，现实使他感到失望，未来使他感到惶惑，他迷失了方向，成了"迷惘的一代"，精神支柱已彻底被摧垮了。

亨利和凯瑟琳的悲剧是战争造成的，战争摧残了人的幸福。在他看来，人好比"着了火的木头上的蚂蚁，有的逃了出来，烧得焦头烂额，不知往哪里逃好。但是多数往火里跑，接着掉过头来朝尾端逃，挤在凉快的顶端，末了还是烧死在火里"。在这"世界末日"的面前，再好的人都难免一死，"世界杀死最善良的人、最和气的人、最有勇气的人"。小说中亨利许多善良的、勇敢的意大利伙伴死于战火。他心爱的凯瑟琳好不容易熬过战争这一难关却又死于难产。在人生的战场上，亨利被彻底打败了。对亨利来说，人生到处都是陷阱，战争曾经毁灭了他的理想，而和平同样没让他得到幸福。由此可见，作者通过亨利和凯瑟琳的爱情悲剧所否定的，并不仅仅是那场不义战争，而是整个残酷、冷漠的资本主义社会。

在海明威创作的悲剧小说中，《永别了，武器》占有十分重要的位置。一般人都倾向于将它看成是一部反战小说。不可否认，反战确实是这部小说的一个重要内容。然而，它在作品的思想内涵中并不是占第一位的。作者的真实意图还是在于揭示和表现第一次世界大战这场非正义的战争给年轻人带来的不幸：他们从热情到颓丧，从充满理想到希望幻灭。亨利暂时从爱情中得到心灵上的安慰。为了保住爱情，他从战场上开了小差，告别了武器，但结果凯瑟琳死了，亨利最后什么也没有得到。亨利不是一个普通的厌战者和逃兵，而是一个试图摆脱其悲剧命运但还是遭受失败的悲剧人物。

这部小说集中反映了"迷惘的一代"青年的思想特征。海明威从主人公亨利的角度来观察世界，看到战争使生命遭受劫难，人的尊严丧失殆尽，只留下肉体上和精神上的巨大创伤。资本主义社会的弊病，在这场战争中暴露无遗。面对这一切，亨利所获得的只是幻灭感、迷惘感和空虚感。他厌倦了说教，抛弃了旧的信念，又不知道前途和出路何在，于是就从心目中否定了现存的社会，否定了资产阶级文明。在艺术手法上，这部作品的气氛渲染和环境烘托都紧紧围绕着悲剧性的主题。作品一开始就展示出一幅萧瑟凄惨的景象：漫天的尘土和枯黄的落叶，秋末的寒风和初冬的阴雨。阴雨中霍乱流行，军队里一下子就死了7000多人。战斗未起先折兵马，不祥之兆给全篇奠定了低沉的格调。阴雨在整个作品中起着陪衬作用，连绵不断的阴雨一直伴随着灾难和不幸。卡波雷托战役失利后，混乱不堪的大队人马在阴雨中溃退。亨利和凯瑟琳在阴雨中逃向瑞士，死神也降临到凯瑟琳身上，风和日丽只是阴霾漫天中的短暂现象。海明威抓住晴天的间隙，及时表现亨利和凯瑟琳的美好爱情。气候的好坏和主题发展直接相关。晴天是短暂的，因此美好的爱情也不会长久。

海明威简练的文体在《永别了，武器》中得到了充分体现，他独特的客观态度，坚定的求实精神以及叙述细节的精练手法，在这部作品中发展到了一个新的高度。由于海明威对于第一次世界大战不能做出根本的解释和准确的概括，他只能更多地倾向于经验主义式的陈述事实。但海明威的这种"求实"精神建立在他的幻灭感和怀疑论的基础上，因此，它有其局限性的。这部作品从发表至今近90年了，人类对社会的认识又大大前进了一步，当我们合上这部作品时完全可以指出，社会的发展不是走向"失败"，无论有多少曲折，人类总是在艰难中充满信心地走向未来！

《丧钟为谁而鸣》

　　《丧钟为谁而鸣》是海明威篇幅最大的一部小说，但故事情节极为紧凑，全部发生于3天之内。美国青年罗伯特·乔丹原本是大学里的西班牙语教师，对西班牙有着深厚的感情。西班牙内战爆发后，他志愿参加西班牙政府军，负责在敌后进行爆破活动。在一次反攻炸桥任务中，他与地方游击队取得联系。在战火纷飞的3天时间里，罗伯特·乔丹陷入了爱河，经历了爱情与职责的冲突，经历了生与死的考验，最终在炸桥的撤退途中，为了掩护战友而独自留下阻击敌人，为西班牙人民献出了年轻宝贵的生命。

　　海明威发挥他独特的叙事艺术，以细致入微的动作描写及丰富多彩的对白，紧紧环绕着罗伯特·乔丹的行动，一气呵成地把这故事讲到底，同时，插入了大段大段的内心独白及回忆，使这个主人公的形象非常丰满。

　　作者在本书中还塑造了一系列活生生的西班牙人的形象，其中着墨最多的为游击队队长巴勃罗和他的妻子比拉尔。比拉尔热爱生活，热爱共和国。她爽朗泼辣，疾恶如仇，眼看巴勃罗一天天沉沦下去，恨铁不成钢，冲着他就骂"醉鬼"。乔丹长得壮实，生气勃勃，她一见就打心眼里喜欢。她看出游击队员玛丽亚对乔丹的爱意，就要求乔丹炸桥后把玛丽亚带到共和国去。她全力成全他们，但看到他们相亲相爱，不禁有些妒忌。她缅怀自己过去的好时光。她自称曾和西班牙3个收入最少的斗牛士生活过9年。她巴不得到共和国去，为此她和乔丹争吵。最后在她的帮助下，乔丹完成了任务。

　　巴勃罗当初拿下了民防军的兵营，亲手枪杀4个俘虏，后来组织群众，在广场和镇公所内把逮住的 20 多个法西斯分子都活活打死，做得未免太过分。但内战期间法西斯分子干下的暴行罄竹难书，令人发指。例如1937 年 4 月 26 日，纳粹飞机疯狂地屠杀了西班牙北部滨海小城格尔尼卡的几千名手无寸铁的平民，毕加索为此创作了巨幅油画，向全世界控诉敌人对他祖国的暴行。出于对剥削阶级的深仇大恨，巴勃罗当年的作为似乎还情有可原，但当他在山中待了一年，滋生了苟安保命的思想。他竟拿了乔丹的爆破装置，又到别的小组去招了 5 个弟兄和 5 匹马。乔丹炸桥后，巴勃罗带领那 5 个人拿下了公路下段的哨所，但在向断桥靠拢的半途，他返身一梭子杀了那 5 个人，为了把那 5 匹马给自己人骑着撤走。小私有者的思想使他干出了伤天害理、背叛革命的行为。

另一游击小组的领导人是聋子桑提亚哥。他和巴勃罗构成鲜明的对比。他对革命忠心耿耿，乔丹找他谈时，他语重心长、实事求是地摆明情况。当他知道事后撤走时马匹不够，二话不说，主动连夜去找马，哪知偏偏雪停了，敌骑兵巡逻队追踪他的脚迹，把他和 4 个部下逼到一个山头上。他们据险固守，聋子机智地诱敌暴露自己，杀了一个军官，但最后被敌机炸死在山头上，被敌人割下脑袋回去报功。老向导安塞尔莫心地善良，杀了敌人也感到内疚，想不出战后该怎样来赎这份罪，因为对天主的信仰已经被否定了。作者在小说中不止一次地写到天主教对西班牙人根深蒂固的影响，但对安塞尔莫来说，与其说这是宗教思想的烙印无法磨灭，还不如说是这无邪的心灵在被最基本的道德问题所折磨。最后炸桥时，他伏在白色的石路标后面，被碎铁片击中，默默地死了，手腕上仍然挽着那圈引爆的电线。乔丹痛心地想，如果用引爆器的话，这个好人是不会牺牲的。

除了比拉尔，小说还写了一个女人：玛丽亚。她生性温柔，天真无邪。她的身心曾受到粗暴的摧残，当她遇到了乔丹这样的好人，就毫无保留地以身相许。听到了聋子手下的青年哨兵华金的悲惨家史，她搂着他说："我把你当哥哥……你有家啦。我们都是一家人。"乔丹感动地也搂着她说："我们都是兄弟。"她告诉乔丹,她父亲喊着"共和国万岁"被枪杀,她母亲接着高呼"我丈夫,本村村长万岁"而从容就义。想到此事,乔丹吻着熟睡中的玛丽亚,小声说:"我为你的家庭感到非常自豪。"

在斗争中,乔丹和这些普通的西班牙人民打成了一片,心甘情愿地为他们献出自己年轻的生命。海明威用这一系列感人肺腑的小故事构成了一幅波澜壮阔的同仇敌忾地抗击法西斯的历史画面,奏出了一支人类兄弟情谊的赞歌。

海明威在第二次世界大战中先后到中国和欧洲当战地记者,在欧洲时屡次亲身参加战斗。从海明威作品的主人公身上,或多或少地可以看到作者本人的影子。罗伯特·乔丹说自己不是个真正的马克思主义者,而是反法西斯主义者,这实际上正表达了作者本人的立场。但是,从《永别了,武器》中在不正义战争中幻灭的美国青年军官弗瑞德里克·亨利到《丧钟为谁而鸣》中为人民的事业献出自己的青春的美国志愿人员罗伯特·乔丹,再到《老人与海》中在墨西哥湾一叶扁舟上只身和大自然搏斗的古巴老渔民圣地亚哥,"海明威的主人公"似乎经历了一个从小我到大我再回到小我的心灵探索过程。

40万字,写了3天内发生的事情;一场山区游击战,其间包含一段典型的海明威式爱情故事;一大堆心理独白,道尽当代青年的信念和执着。这就是海明威的《丧钟为谁而鸣》。

最令人感动的一段话:"我爱你,就像我爱我们为之奋斗的一切。我爱你,就像我爱自由、尊严和所有的人都有工作而不爱工作的权利。我爱你,就像我爱我们所保卫的马德里,就像我爱所有那些已牺牲的同志。很多同志牺牲啦,很多,很多。你没法想象有多少。但是我爱你,就像我爱世界上我最爱的东西,而我爱你超过了这一切。"

《老人与海》

《老人与海》是海明威思想和艺术探索的总结性的作品。海明威以此作品获得了诺贝尔文学奖。

《老人与海》讲述的是古巴老渔夫圣地亚哥独自驾着一艘小船，在连续 84 天一无所获的情况下，终于钓上了一条大鱼。这条鱼非常大，他在小船上与鱼搏斗了 3 天才取得胜利。当老人兴高采烈返航时，突然出现的鲨鱼群竟然将鱼吃光，老人拼尽全力，才全身而退。当他划回到岸边时，那条大鱼只剩下了巨大的鱼骨架子。老人得到了人们的称赞。

小说以现实主义的笔法写出了人与自然的对立和抗争，赞扬了老渔夫圣地亚哥的勇敢和坚持，他的不屈不挠是获得胜利的关键。在变幻莫测的大自然面前，人类的坚强意志尽可以战胜它。

圣地亚哥是海明威在小说中成功塑造的"硬汉子"形象，是海明威一系列"硬汉子"形象的归纳和总结，体现了一个"勇者"的生存方式，男子汉的阳刚之美，英雄人物的崇高悲壮的品格。老人过去曾 87 天一无所获，现在又接连 84 天没有捕到鱼，连他的小徒弟诺曼林也因他的背运而离开了他。但他毫不气馁，既不唉声叹气也不怨天尤人，在第 85 天又满怀信心地出海打鱼了。他捕到了一条比他的小船还要大的大马林鱼，上了钩的大马林鱼把小船拖得离海岸越来越远，太阳落了星星出，星星落了太阳出，一直拖了两天两夜，老人精疲力竭，头晕眼花，右手受了伤，左手直抽筋。为了保存体力，他不得不用那难以下咽的生鱼肉充饥。在这种情况下，只要割断钩丝，放弃捕获物，便可摆脱困境。但老人从未闪现退却的念头，在他看来"痛苦在男子汉不是一回事"，他充满自信地说："我也要让你知道什么是一个人能够办得到的，什么是一个人能够忍受得住的。"他冒着被大鱼颠覆小船的危险，始终对它穷追不舍，坚信自己顽强的拼搏精神和自己是行动上的强者。他在沉着、强壮、毫不惧怕、充满自信的大鱼身上看到的是狰狞的死亡，而在自己年迈、孤独的心灵中发现的却是希望。因为他从来都没有屈服过什么，他自信"只要他愿意，什么人都会被他打得一败涂地"。经过两天两夜的搏斗，圣地亚哥将鱼叉扎进鱼腰，用套索拴住鱼尾，把它捆在船的旁边，取得了与自然力较量的第一个回合的胜利。

圣地亚哥带着战利品返回途中，不幸又碰到鲨鱼群的围攻，老人在与鲨鱼群的搏斗中同样表现出硬汉子的"硬"。面对成群结队的鲨鱼群的围攻，老人用"坚定的力量和狠毒无比的心肠，在几乎没有希望的情况下与鲨鱼搏斗"，下定决心："我要跟它们斗到死。"所以老人不惜拿出血本，动用手头所有的武器去迎击鲨鱼。当凶狠贪婪的鲨鱼接二连三地来围攻大鱼时，本已精疲力竭的老人，重新振作起来，奋不顾身地迎战鲨鱼。开始他用鱼叉对付，鱼叉被受伤的鲨鱼带走了，他就用绑在桨上的刀迎战它们，刀子也折断了。这时他满手血污，疲惫不堪，一点力气也没有了，还有许多鲨鱼来围攻，老人仍然坚强不屈地支撑着。他在心里说："只要我有桨，有短棍，有舵把，我一定要想办法去揍死它们。"夜里大群鲨鱼又来纠缠，老人用舵把仍然奋力拼搏。鲨鱼被他打得不是死亡便是负伤逃窜。在这里，海明威运用反衬法来刻画圣地亚哥的性格。正如黑格尔所说的，"人格的伟大和刚强的程度，只有借矛盾对立面的伟大和刚强的程度才能衡量出来"。小说多次写鱼的凶猛有力，用以衬托老人的坚毅顽强。作品竭力渲染鲭鲨的凶残和星鲨的贪婪，年迈体衰的老人正是在同这些强暴者的搏斗中，焕发出"硬汉子"精神的夺目光辉。虽然最后他失败了，但仍不愧是个英雄。圣地亚哥的那句话"一个人并不是生来要给打败的，你尽可以把他消灭掉，可就是打不败他"是对"硬汉子"精神的高度概括。

海明威通过圣地亚哥对"硬汉子"形象做了一个哲理性的总结，把它提升到人类永恒的本质特征的高度。在圣地亚哥实际上是在海明威的生存意识中，人生并不只是面临选择，然而圣地亚哥却选择了：直面人生，既不抱怨，也不气馁，永远高傲地竭尽全力地去迎接一切灾难和死亡，以便在永不停息的积极行动中，显示出生命的伟大和永恒，展示人的高贵与尊严。圣地亚哥在肉体上是个羸弱的老人，但在精神上却是一个坚强的硬汉。他是个精神的胜利者。他的胜利只体现在他行动拼搏的激情上，体现在已经证明1000次都落空，现在还要去证明这个行动本身，体现了一种"强者"的人生哲学和生存方式。

海明威在作品中塑造了一系列"硬汉子"形象。他们多是拳击家、斗牛士、渔夫、猎人、战士等下层人物，生活贫困，屡受挫折，但他们始终保持旺盛的生命力和坚强的意志力，始终保持人的尊严和勇气。在他们身上，具有一种不屈不挠、坚定顽强、面对暴力和死亡而无所畏惧，身处逆境而不气馁的坚强性格。正如肖恩·奥弗莱因所说，海明威小说的主题是：人的本质，人的努力和奋斗，人的追求和痛苦，人的信仰和挣扎，人的倔强和价值，人的聪明和命运，人的胆略和气魄，人的尊严和灵魂……即使失败了，也要坦坦荡荡，不失重压下人的优雅风度。无论处在顺境还是逆境，自然或是社会中，人应该正视现实，接受一切并超越它，继续自己的人生之旅。纵然面对死亡，也要漠然处之，宁折勿弯，这是圣地亚哥所执着的人生要义，也是《老人与海》的哲理闪光。海明威塑造的一系列"硬汉子"形象的理论与思想基础是行动哲学。它主要以主体的行动为表达方式，用主体的行为和动作展示其丰富的内涵。他所揭示的是肉体和精神的永恒生命力来自不断运动的驱动力，强调的是在深沉的行动中锻造有价值的灵魂。他们用行动来显示自己的勇敢、冷静、果断、顽强和不畏任何强大力量的主体意识。他们所遵循的真理是：命运总是与人作对，人不管如何努力拼搏，终不免失败。尽管如此，人还是要苦苦奋斗，并尽量保持自己的尊严，他在肉体上可以被打垮，但在精神上永远是个强者。

这种行动哲学在西方文学史上有着悠久的历史传统。从古希腊神话阿波罗的神殿上写着"认识你自己"到西方现代派文学中的"我是谁""我从哪里来""我将走向何方"等主题都自始至终贯穿着一种人类生命的自我求证意识和人类积极行动和追求的意识。人类只有在不断行动和追求中才能显示人类的价值和意义，才能显示人类的高贵和尊严。在荷马史诗《奥德赛》中，足智多谋的大英雄奥德赛在外参加特洛伊战争 10 年，战争结束后又在海上漂流 10 年，在长达 20 年的漂泊生涯中，他历尽艰难险阻，战争的残酷和流血没有使他退缩，他用自己的聪明才智想出了妙计"木马计"使希腊联军取得战争的最后胜利。在海上，海神波塞冬掀起了狂涛巨浪，美貌的女神用女人的媚态来引诱他，仙境般的生活，娇艳妩媚的女神，长生不老的法术……这一切都不能阻止他远航探险，"去追随太阳，再寻绝无人迹罕至的理想之境"的奋斗精神。在他身上体现了古希腊人那种奋发向上、勇于进取的生活态度和崇尚智慧，肯定人的本质力量的世俗的人本意识。到了文艺复兴时期，人成了"宇宙的精华，万物的灵长"，强调个性，便成为西方资本主义文化的最根本的特征，在文学作品中，张扬个性，歌颂人生理想成为近代西方文学的主旋律。

西班牙作家塞万提斯在他的长篇小说《堂吉诃德》中成功地塑造了被别林斯基称为"永远前进了的角色"的堂吉诃德的形象。为了实现自己的伟大理想：锄强扶弱，劫富济贫，建立一个自由、平等、和谐的理想社会，他在整个游侠冒险的过程中，单枪匹马地向社会冲杀过去，吃尽了苦头，挨够了打，走尽了背运，尝尽了道路的艰辛。但他仍然如痴如醉地去实现一个在现实社会中不可能实现的理想，用已经过时的骑士道来消除社会的罪恶，以至于闹出了许多令人捧腹的笑话。而作者反复突出和强调的是他醉心铲除人间罪恶的崇高理想，从而展示出堂吉诃德的高贵品质：为了追求自己的正义理想置危险于不顾，愿为社会而不惜牺牲自己的一切。

到了启蒙运动时期，歌德的代表作《浮士德》的主人公是一个执着顽强地追求社会理想和人生真理的探索者形象。在他一生不懈的探索中，他挣脱了中世纪的精神枷锁，摒弃了低级的官能享受和迷离的情欲，批判了为封建王朝服务的妥协道路，否定了从古典艺术美中寻求出路的幻想，最后肯定了由自由劳动创造人生美好家园的理想境地。浮士德经过五个阶段的探索，最终得出了人生的真谛："我们要每天每日去开拓幸福和自由，然后才能够做自由和幸福的享受。"浮士德克服了前进道路上的荆棘和坎坷，克服了人自身的内外存在的矛盾，用自己的行动求证了自己的人生价值……随着资本主义文明的不断向前发展，金钱和欲望逐渐瓦解了一切传统伦理道德规范，把人与人之间的关系异化为金钱关系，并由此造成人的心灵的畸变，人性的严重扭曲，作家们以尖锐批判的态度来审视充满罪恶的资本主义世界。像法国作家司汤达、巴尔扎克，英国作家萨克雷、狄更斯，俄国作家陀思妥耶夫斯基、托尔斯泰等，但他们批判的出发点依然是传统的人性。到了19世纪末20世纪初，资本主义文明的程度越来越高，人却越来越失去自由，被挤压被扭曲，人的个性丧失，人性萎缩，再加上两次世界大战在人们心灵上投下的巨大阴影，人们不得不以怀疑的眼光来看待人和人生存的世界。现代派作家发现人并不是被自然的异己力量，而是被人自身所创造的力量所束缚，人在创造美好世界的同时也创作了自己的牢狱，天堂与地狱同时存在。敏感的作家便陷入了更大的痛苦和更大的困惑之中，他们发现自己为自己所创造的物所占有，发现自己在不知不觉中被社会所变形，人的社会到处都是矛盾重重的，人的内心世界更是一种复杂矛盾的世界。这就使每一个个体不得不重新考虑自己的生存方式。要么安于异化的现实，做个怯懦的无个性的"小人物""非英雄"；要么选择反抗，抓住自己的头发把自己从社会中拔出来，向社会一切价值观念挑战，去流亡，去犯罪；要么就借助于毒品、酗酒、爵士乐和性来充实自己的生命意义。事实上这种无政府主义的反抗归根结底是虚无主义的，叛逆者并没有借此找回被荒诞现实吞没了的自我。相反，他们愈加不能明白"自我"究竟是什么。

正是在这样的文化背景下，海明威迥异于同时代的其他作家，为不甘沉沦的西方人找到了一种现代生存方式——"硬汉子"生存方式。他认为，在这个混乱的世界里，人不应该垮塌下来，人应该保持自己的尊严，面对个人生命的必然失败和死亡，现代人应像"硬汉子"那样生存，找回被荒诞世界湮没的现代人的生命的意义和价值，找回人类生存的意义和价值。这种生存方式，也是西方传统的人文主义精神在混乱的现代世界里表现出的一种最为美丽和悲壮的应战姿态。正是在此意义上，海明威笔下的硬汉子赫然雄踞于连接传统与现代的桥梁上，充分显示出生命存在的全部悲壮和美丽。

《老人与海》中的老人圣地亚哥，在海上经过 3 天精疲力竭的搏斗，最终拖到海岸上的是一副巨大的鱼骨架子。老人是一无所获的胜利者，而且人们也无法相信这位身衰力竭的老人，能够战胜奔腾不息的大海。在海明威看来，人生是一场打不赢的战争，就像老人那张"用好多面粉袋子补过的旧帆，看上去就像一面永远失败的旗帜"。但老人的行为是一种面对巨大悲哀的追求，是一种面对死亡和失败的追求，而这种追求同样是顽强的、执着的。我们在圣地亚哥身上看到了海明威身上的尊严和巨大的精神力量，而且给读者带来强烈的审美效应，使我们深刻地认识到人的生命的有限和人的追求的无限之间的矛盾。在人生的道路上，在经受一些挫折和失败时，是缴械投降呢，还是顽强拼搏呢？圣地亚哥给我们的启示是：积极的进取和行动，是必然失败面前的不屈不挠的行动，人生的价值和意义就在于行动本身。所以，海明威为他所钟爱的硬汉们找到了灵魂，这灵魂就是人类亘古不变的永恒价值与命运作殊死抗争的悲壮与崇高。在圣地亚哥身上表现的是一种深沉而强烈的悲而壮的生命悲剧意识，这完全是古希腊悲剧精神的现代回响。尽管海明威笔下的人物都是悲剧性的，但他们身上却有着尼采"超人"的品质，泰然自若地接受失败，沉着勇敢地面对死亡，这些"硬汉子"体现了海明威的人生哲学和道德理想，即人类不向命运低头、永不服输的斗士精神和积极向上的乐观人生态度。海明威用象征性的寓言向我们昭示了跨越时空的人类永恒的自我求证意识。

作品将绘画与摄影手法的描述应用到了高峰。《老人与海》的色彩以暗淡为主，这与它那悲壮的主题是一致的。作者呈现给我们的这幅油画，以大海之色——黑魆、深黑、深蓝为底色，有深度的阴影之感，以突出聚光作用，使主要形象鲜明夺目，产生一种立体感；同时选择了对比强烈的白云、雪峰来与大海遥遥相对，色彩明亮，产生了醒目感；选择了富有生气的绿色海岸，淡青色的小山做大海的边线，产生了柔美之感；选择了色彩斑斓的光柱做大海的中心色彩，反光作用强烈，整个画面顿时明亮起来，深色转为中间色，产生了活泼明快之感；加上月亮的倒影、鸟儿的飞翔、老鹰的盘旋，构成了一幅脱俗的捕鱼图，也与老人捕鱼的艰难格调形成了和谐的统一，起到了渲染的作用，达到了完美的统一，显示出老人刚中有柔、柔中有刚的性格特征。海明威所擅长的"摄影机式的描写艺术"在《老人与海》中达到了高峰，这主要表现在：其一，客观冷静的画面，尽力使读者感觉到好像亲身经历一样；其二，鲜明、生动的动作描写，老人打鱼过程中一系列的动作让读者清晰地了解详细过程；其三，结构上的摄影的单纯性，人物少得不能再少，主人公性格单一而鲜明。这种单纯性是海明威小说艺术结构的重要特征。

　　《老人与海》充分应用了现代叙事手法。海明威在叙述故事时采用了巧妙的手法，不断转移叙事视角，使得叙述者在文中不露痕迹。在小说开头部分，叙述者即为作者站在读者面前介绍必要的故事背景，介绍故事主角老渔夫。等到主人公出场之后，叙述者便隐藏在人物和事件的背后，使读者几乎无法感知他的存在。此时，作者使用两种方式展开叙事：一是由人物对话或是人物对话加上非常简练的描写与叙述来推动故事的发展，给人以十分客观的印象；另一手法则是通过老人内心的意识来反映事件，从而完全省略叙述者的介入和议论。小说中大部分时间里只有一个主人公，小说的叙述基本采用第三人称。作者巧妙大量地运用了的直接引语和自由直接引语，来增强了口述的效果，对读者产生强烈的听觉刺激，使读者产生对话感，自己也被卷入到作品描绘的事件中去。通过大量的直接引语和自由直接引语，小说运用意识流的手法展现了老人丰富、复杂、敏感的内心世界。作品除部分片段客观叙述了他的身世和经历外，大量篇幅描写了他在海上捕到大马林鱼以及与鲨鱼搏斗的经过，其中老人心理活动记述几乎占据作品一半以上篇幅。在作者笔下，老人的思维活动有些是有秩序、有条理的，如想到捕鱼前应做的准备，到海上去碰运气等；而有些思维活动是缺乏逻辑的，带有很大的随意性和盲动性，如在全力与鲨鱼搏斗时他突然想起垒球大赛，又想起老年的孤单，甚至想到被捕到的大马林鱼的可怜。所有心理描写都体现了老人在逆境中人的尊严、人性的力量以及坚持在肉体上可以被消灭，但在精神上必须战胜敌人的信心。

　　综上所述，海明威的《老人与海》以简约的文体风格向读者塑造了一个坚强的"硬汉"，更体现了"精通现代叙事艺术"的文体大师的高超的艺术手法。《老人与海》也是一部剔透玲珑的艺术精品，小说的文字极其洗练、简洁而又含蓄，充分体现了海明威的"冰山理论"。同时从其风格中体会到老人的"硬汉"性格。

附录

海明威生平及创作年表

1899 7月21日，海明威出生在美国伊利诺伊州芝加哥郊外的一个橡树园镇的一个医生的家庭。海明威是家里的第二个孩子。

1905 9月，海明威入学。

1910 海明威随母亲辗转于马萨诸塞州、波士顿、剑桥、康考德等地。

1911 海明威写作《我的头一次海上旅行》。

1913 海明威小学毕业。

1913 9月，上中学。

1914 第一次世界大战爆发。

1916 海明威参与编辑校报《秋千》，在橡树园中学的文学刊物《书板》上第一次发表小说《大神的审判》。

1917 美国参加第一次世界大战。海明威中学毕业，到《堪萨斯市星报》当实习记者，撰写通讯和报道。

1918 5月，加入美国红十字会赴欧救护队。

7月，救治伤兵时海明威右腿中弹受伤。

7—10月，在米兰医院养伤期间，爱上了大他7岁的美国护士阿格尼丝·冯·库罗夫斯基。

1919 海明威回到橡树园，书信来往中得知阿格尼丝爱上别人。

1920 为《多伦多明星报》和《星报周刊》写通讯。

12 月，任《全国互助合作》月刊的助理编辑一职。

1921 9 月，与哈德莉·理查森结婚。这是海明威的第一段婚姻。

1922 担任《多伦多明星报》驻欧记者，撰写有关欧洲的报道。

10 月，接受《多伦多星报》采访希土战争的任务。

11 月，去瑞士采访"洛桑和平会议"。

12 月，哈德莉前往瑞士与海明威团聚，途中丢失一只箱子，内装海明威的全部手稿。

1923 9 月，第一部作品集《三篇故事和十首诗》出版。其中《我的老头儿》被收入《1923 年最佳短篇小说选》。

10 月，海明威的儿子出生，取名约翰，小名邦比。

1924 《在我们的时代里》在巴黎出版。

1925 《在我们的时代里》在美国出版。

1926 《春潮》《太阳照常升起》出版。

1927 海明威与哈德莉离婚。与巴黎《时尚》杂志记者保琳·帕发弗结婚。这是海明威的第二段婚姻。

6 月，《太阳照常升起》在英国出版，题名《圣节》。

10 月，第二部短篇小说集《没有女人的男人》。

12 月，海明威眼睛受伤。

1928 6 月，保琳生下第一个男孩，取名帕特里特。

12 月，海明威父亲自杀身亡，海明威留下父亲自杀用的手枪作为遗物。

1929 5 月，《斯克里布纳》杂志开始连载《永别了，武器》。

9月，《永别了，武器》巴黎单行本出版。11月，《永别了，武器》
在英国出版。

1930　3月，海明威与友人出海捕鱼，遇到风暴，在海上被困17天。

10月，因车祸手臂骨折住院。

12月，好莱坞购买《永别了，武器》的摄制权。

1931　保琳生下第二个男孩，取名格瑞戈里。

1932　短篇小说《风暴过后》以几乎每个字1美元的高价卖给《全球》
杂志。同年《午后之死》出版。《永别了，武器》改编成电影《战
地春梦》，因对改编不满，海明威拒绝出席首映式。

1933　为《老爷》杂志写散文通讯。10月，短篇小说集《胜者无所得》
出版。

1934　购买游艇"比拉尔号"。

1935　9月，《是谁谋害了这些老兵》发表在杂志《新群众》上。

10月，《非洲的青山》出版。

12月，苏联《国际文学》发表《是谁谋害了这些老兵》译文。

1936　《非洲的青山》在英国出版。

7月，西班牙内战爆发。

8月，《老爷》杂志发表《乞力马扎罗的雪》。

9月，《全球》杂志发表短篇小说《弗朗西斯·麦康伯短暂的幸福
生活》。

1937　2月，乘坐"巴黎号"船赴西班牙报道战事。同时协助拍摄纪录片
《西班牙大地》，后来为影片配音。

6月，出席第二届全国作家代表大会，作题为《法西斯主义是一派
谎言》的报告。

7月8日，《西班牙大地》在白宫放映，海明威与导演应邀出席。

7月10日，飞往加州好莱坞筹款募捐，为西班牙共和政府提供救护车。

10月，长篇小说《有钱人和没钱人》出版。

1938　5月，《视野》杂志发表短篇小说《桥边的老人》。

6月，俄亥俄州一家出版社发表《西班牙大地》脚本。海明威将稿酬捐献给牺牲在西班牙的华纳·海尔布伦医生的遗孀。

8月，海明威全家去怀俄明州避暑。中途左眼受伤，视力进一步下降。

《〈第五纵队〉和首辑四十九篇故事集》在美国出版。

1939　6月，《〈第五纵队〉和首辑四十九篇故事集》在英国出版。

9月，德国入侵波兰，英、法对德宣战，第二次世界大战爆发。

1940　与玛莎·盖尔霍恩同住在古巴写长篇小说。

3—5月，《第五纵队》在纽约上演，共演87场。

6月，《第五纵队》出版单行本。

10月，长篇小说《丧钟为谁而鸣》出版。

11月，与保琳离婚。同月与玛莎·盖尔霍恩结婚，这是海明威的第三段婚姻。

12月，买下古巴的眺望山庄。

1941　在玛莎的鼓励下，应《下午报》之邀，访问战争中的中国。

2月，抵达香港，了解中国抗战概况，制订访华的计划。

4月，到达重庆会见蒋介石夫妇，秘密会见周恩来。

6月，回古巴眺望山庄。

11月，《丧钟为谁而鸣》销售超过50万册。"限数版俱乐部"授予海明威金奖，辛克莱·刘易斯在授奖词中称他为当代六大作家之一。

12月，珍珠港事件爆发，美国向日本宣战。

1942　5 月，经美国驻古巴大使馆同意，海明威组织反间谍网，自称"骗子工厂"，眺望山庄作为活动总部，将"比拉尔号"游艇改装成侦查德国潜艇的"猎潜艇"。

6 月，"比拉尔号"开始巡逻。

10 月，编选了《战争中的人们》一书并作序。

1943　7 月，由《丧钟为谁而鸣》改编的电影《战地钟声》在纽约首映。

1944　4 月，海明威与《柯里尔》杂志签约，去伦敦报道英国皇家空军的战斗情况。

5 月，与《时代》驻伦敦办事处的玛丽·韦尔什产生感情。

海明威出车祸，得了脑震荡。

6 月，在皇家空军第九十八中队随机执行空袭德国飞弹发射基地的任务。

9 月，由 M. 考利编选的《袖珍本海明威文集》出版。

10 月，海明威因涉嫌参加军事行动，违反记者不得参与战斗的规定而受审问。

1945　1 月，海明威回巴黎。

3 月，从欧美战场返美。接着回古巴眺望山庄。

12 月，《纽约时报》刊登海明威与玛莎离婚的消息。

1946　3 月，海明威与玛丽·韦尔什在哈瓦那结婚，这是他的第四段婚姻。

1947　6 月 13 日，美国驻古巴大使馆举行仪式，为海明威在二次大战中的表现授予铜质星字勋章。

10 月，英国出版《海明威作品精选》。

1948　1 月，批评家麦·考利偕妻儿来古巴，为《生活》杂志采访海明威。

4 月，《全球》杂志记者 A.霍契纳来采访，他后来为海明威写过传记。

1949　写完《过河入林》，把连载权卖给《全球》杂志。

1950　《过河入林》出版。开始创作海洋系列的小说。

1951　开始创作《老人与海》。海明威的母亲与第二任妻子保琳去世。

1952　3 月，卡洛斯·贝克尔发表专著《海明威：作为艺术家的作家》。
　　　4 月，《生活》杂志发表《老人与海》。同时，单行本在英国和
　　　美国出版。

1953　《老人与海》获普利策奖。

1954　1 月，海明威夫妇乘坐的小型飞机失事，海明威受轻伤。获救后
　　　另换飞机起飞时，飞机失火，海明威受重伤。
　　　10 月，海明威获本年度诺贝尔文学奖，获得金质奖章和奖金。因
　　　健康原因，他未出席 12 月在瑞典举行的授奖仪式，他的受奖演说
　　　由美国驻瑞典大使约翰·卡波特代读。

1955　健康状况开始影响海明威的活动和写作。
　　　9 月，《老人与海》电影摄制组来古巴，请他协助拍摄海上捕鱼镜头。
　　　同月，立遗嘱，指定玛丽·韦尔什为遗嘱执行人。
　　　11 月，海明威肾炎发作，卧床休息。

1956　7 月，寄 1000 美元资助庞德，并称他为当代最伟大的诗人。
　　　海明威夫妇去西班牙各地观看巡回斗牛赛。一边写有关巴黎生活的
　　　回忆录，一边为《生活》杂志写观看斗牛赛的报道。

1957　又资助庞德 1500 美元，支持麦克利许等作家要求释放庞德，让
　　　他定居意大利。海明威开始写回忆录。

1958　《巴黎评论》发表乔治·普林浦敦撰写的《海明威访问记》。
　　　记者霍契纳改编《丧钟为谁而鸣》的电视剧本。
　　　《老人与海》开始公映。

1960　《生活》9 月号连载斗牛故事《危险的夏天》，这是海明威生前发
　　　表的最后一篇作品。

10 月，海明威出现忧郁、偏执和幻觉等症状。

11 月底，玛丽与友人商议后，送海明威到明尼苏达州的梅约专科医院，进行精神病治疗。

12 月，开始电疗。

1961　1 月 12 日，收到肯尼迪总统就职典礼的邀请，因病未能参加。

1 月 20 日，出院回家。

3 月，精神紧张加剧。无故担心，多疑，常有幻觉。

4 月 21 日，摆弄枪支时，被玛丽制止。

4 月 25 日，又被送进医院。

6 月 30 日，出院。

7 月 2 日，上午 7 点 40 分，在凯彻姆家中开枪自杀。

7 月 5 日，举行海明威葬礼。

1964　海明威关于 20 年代巴黎生活的回忆录《流动的宴会》出版。

参考文献

1. 董衡巽. 海明威画传［M］. 郑州：河南文艺出版社，2007.

2. 希拉里·海明威，卡伦娜·布伦南. 海明威在古巴［M］. 王增澄，唐孝先，译. 银川：宁夏人民出版社，2008.

3. 海明威. 海明威文集［M］. 王志东，译. 北京：京华出版社，2010.

4. 王希清. 海明威［M］. 长春：时代文艺出版社，2004.

5. 童一秋. 世界十大文豪海明威［M］. 长春：吉林文史出版社，2006.

6. 海明威. 流动的盛宴［M］. 汤永宽，译. 上海：上海译文出版社，2009.

7. 侯风英. 论海明威《老人与海》的文体风格［J］. 山西广播电视大学学报，2005（8）.

8. 朱振武. 海明威小说的文体风格［J］. 荆州师范学院学报，2000（1）.

9. 李亚白. 海明威其人及文体风格［J］. 语文学刊，1999（6）.

10. 陈红. 海明威《在异乡》的叙事艺术和文体风格［J］. 广西社会科学，2005（11）.

11. 谭鼎华. 海明威《士兵之家》的文体风格［J］. 咸阳师范学院学报，2004（2）.

12. 李萍，汪桂芬. 从文体的角度看《老人与海》两个中译本的效果［J］. 湖北汽车工业学院学报，2003（3）.

13. 汪桂芬，何明霞.《老人与海》的风格变异分析［J］. 武汉金融高等专科学校学报，2000（6）.

14. 贝克. 迷惘者的一生——海明威传［M］. 林基海，译. 长沙：湖南文艺出版社，1987.

15. 吴然. "硬汉"海明威——作品与人生的演绎［M］. 北京：昆仑出版社，2005.

16. 刘杰. 论海明威作品中孤独奋战的硬汉精神［J］. 黑龙江教育学院学报，2005.

17. 杨大亮，吴秀玲. 海明威笔下"硬汉"形象的成长轨迹［J］. 河南大学学报，2001.

18. 朱维之. 外国文学简编［M］. 北京：中国人民大学出版社，1994.

19. 曾繁亭. 天孤独的雄狮：海明威传［M］. 石家庄：河北人民出版社，2012.